LOCUS

from

vision

from 139
阿共打來怎麼辦
你以爲知道但實際一無所知的台海軍事常識

作者：王立、沈伯洋
編輯：林盈志
內頁插畫：小瓶仔
封面設計：兒日設計
內頁排版：江宜蔚
校對：呂佳眞
出版者：大塊文化出版股份有限公司
台北市 105022 南京東路四段 25 號 11 樓
www.locuspublishing.com
讀者服務專線：0800-006689
電話：(02) 87123898　傳眞：(02) 87123897
郵撥帳號：18955675　戶名：大塊文化出版股份有限公司
法律顧問：董安丹律師、顧慕堯律師

總經銷：大和書報圖書股份有限公司
地址：新北市新莊區五工五路 2 號
電話：(02) 89902588　傳眞：(02) 22901658

初版一刷：2022 年 1 月
初版十三刷：2024 年 9 月
定價：新台幣 380 元
ISBN：978-986-0777-81-9

IF CHINA ATTACKS

阿共打來怎麼辦

Taiwan Strait Military Knowledge that You Think You Know but You Have No Idea

你以為知道
但實際一無所知的
台海軍事常識

王立 Matt Wang 沈伯洋 Puma Shen——著

目次

第二部　中國侵略台灣的戰術

推薦序
瓦解認知戰攻勢於無形

余宗基 備役少將
前國防大學政戰學院院長、美國北德大學國際關係學博士
台灣大學共教中心兼任助理教授、政治大學外交系兼任助理教授
美國全球風險管理基金會顧問

若事先不懂得邪惡的本性，要想將蛇的智慧和鴿的天真連在一起是不可能的；因為對邪惡無知，則美德沒有保障必將受害。

——法朗西斯．培根

國者人之積也，人者心之器也；研機於心意初動之時，窮理於事物始生之處。

——孫文

王立、沈伯洋教授合著的最新書籍《阿共打來怎麼辦：你以為知道但實際一無所知的台海軍事常識》，可說是當今欲了解中共「認知戰」，如何利用軍事謠言，製造恐

懼、悲觀的氛圍，滋生失敗主義的心理，形塑中國「東升西降、武力無敵」假象，對台灣全民國防的心理防線做出了重大貢獻；尤其此刻，中共對台文攻武嚇的「認知戰」正對我們國家、社會的民主自由和價值觀，構成了生存上的嚴重威脅。此一新書的出版有如及時雨，為嚴肅看待此一威脅的台灣民眾，提供了最完整的解說。尤其，能以鞭辟入裡的生活化理解方式，對中共的軍事謊言予以一一破解。新書內容包括：中共對台最常使用的十種軍事謠言、可能侵台的四階段想定論證、兩岸沒有煙硝的戰爭和台灣與周邊國家真實的戰略構想等，共計四部二十七章，內容精彩絕倫，值得一讀再讀。

作者指出每次總統大選前，台灣社會內部必會充斥各種軍事謠言、譏諷貶低國軍士氣、吹捧解放軍戰力的農場文。二〇一九年以後，這種趨勢隨著超連結社會各種影音資訊匯流平台的出現，已擴大到一般民眾，透過LINE、臉書等社群媒體平台、親中團體、在地協力者、封閉性群組等同溫層效應，更增強了各種假訊息傳散的力道，目的很簡單就是要讓台灣民眾對國防失去信心，進而對「中共軍事霸權崛起、台灣統一命運已定」的宣傳內容，產生幻覺、信以為真。這是中共「從敵人內部毀滅敵人」的一貫伎倆，亦即利用台灣言論自由的環境，製造台灣社會內部的對立，打擊政府威信，動搖民眾信心，除了影響台灣的選舉外，也替中國創造出有利統一的內外環境，以實現其兵不血刃，不戰奪台的最終目標。

特別值得一提的是，本書內容的一大特色，除了蒐整近三十年來中國武統台灣的各種軍事欺敵謊言外，還針對謠言可能造成的破壞力、傳播率、實際威脅程度進行不同程度的評估，最後還針對評估結果，對政府相關政策部門提出不同的最低成本解決方案，這些寶貴的建議，內容兼顧強化軟硬實力，將有助於我國未來在面對中共「認知戰」，軍事欺敵手段不斷推陳出新的威脅情況下，能始終洞察機先、立於不敗之地。此誠如古云所言：「夫攻者不止攻其城，擊其陣而已，必有攻其心之術焉；守者不只完其壁，堅其陣而已，必也守吾氣，以有待焉……夫攻其心者所謂知彼者也，守吾氣者，所謂知己者也。」「先料敵之心與己之心孰審，然後彼可得而知焉；察敵之氣與己之氣孰治，然後我可得而知焉。」

個人服務軍旅生涯至今，有幸能經常閱讀王立第二戰研所粉絲專頁，與本書主題相關之文章，也數度受邀聆聽沈教授民主實驗室、資訊戰專題講座。每次聆聽、閱讀，均深獲啟迪、受益匪淺！對於他們兩位專家長期鑽研中共「認知戰」所做出的努力與貢獻，十分佩服與激賞。他們的研究分析和建議對台灣的國防安全至關重要，且意義非凡；說他們是台灣真正的「認知戰」專家，想必也當之無愧，因為他們長期研究台灣國防安全議題，廣泛蒐整資料驗證，擁有超豐富實戰經驗。此書的大功告成，很大程度上，也反映出他們在中共對台「軍事欺敵、謊言攻心」上的第一手觀察，以及在國家戰略傳播、反情報、情報和資訊戰等方面的懋績碩學，久著聲望。

隨著當前兩岸緊張情勢不斷升高之際，無煙硝的戰爭、資訊戰早已開打，如何「攻心、守氣」，亦即瓦解敵人的戰鬥意志，鞏固自己的軍心士氣，已成為政府部門的當務之急。個人願藉此大力推薦，就從閱讀本書做起！政府官員應人手一冊，仔細閱讀此書，不但能達到「知其然亦知其所以然」的效果，揭穿中共「軍事謊言」的本質，也能建立對台灣國防實力的正確認知，同時擴大全民國防鞏固心防的具體成效，讓中共的「認知戰」攻勢瓦解於無形；另外建議國防部將此書列為部隊文康書籍，使官兵人人閱讀後，均能洞悉中共「攻心為上」的伎倆，堅定抗敵意志與決心；最後，教育部亦可將此書列為推廣全民國防教育必讀教材，讓各級學校學生在閱讀完此書之後，針對「阿共打來怎麼辦？」問題，均能找到共同的答案，那就是「免驚啦」！

綜言之，此書對中共「認知戰」軍事謊言的歷史和性質進行了非常有價值的研究，但同時也提醒台灣政府，武備重要性的不可偏廢！其書中也為國軍和政策制定者提供如何有效嚇阻、對抗、擊敗中共「認知戰」的反制方案，這些對我國全民國防心理防線能否形成連貫性，克敵制勝，影響深遠。台灣正經歷認知戰場上的嚴酷試煉，唯有「以事實代替宣傳、以實力保障和平」，持續、永恆投入大量工作和國家資源，才能確保最後成功；兩位作者卓越的戰略、戰役和戰術上的建言，恰能有助於最後成功目標之達成！欣聞本書正式印行，謹綴數語，以代序介，藉申賀忱。

推薦序

面對解放軍的挑戰：恐懼來自於無知

林穎佑　博士
國立中山大學亞太事務英語碩士學位學程兼任助理教授
中華戰略前瞻協會研究員

解放軍是否會攻打台灣？如何攻擊？台灣能撐多少天？美軍會不會出動？這都是近期國內外高度關注的問題。許多專家學者都有不同的觀點，除此之外，從學術研討會、政論節目甚至網路論壇無不對此議題提出許多不同的見解。但百家爭鳴之時，卻又經常因為中國有系統的釋出不實訊息，都容易讓人感到誤解。而部分媒體也會因點閱率或是立場的不同，而將中國宣傳資訊作為新聞標題。雖然達到宣傳目的，但也意外造成民眾認知上的誤會，特別是在國防安全的議題上。過去國防研究一直是屬於管制的小眾興趣，雖有不少民眾曾有服役經驗，但多半都對軍事議題懷有部分偏見，這都讓我國民眾在論及國防事務時，經常都對國軍抱持負面的態度。這些迷思都來自於資訊的不足以及部分人士有系統的誤導。

事實上，隨著二〇一六年的軍改，解放軍現代化的腳步不斷加快，其轉型的層面也隨著時間步入新的階段。基本上軍隊現代化可分為四個階段：理論、技術、組織、人才，這也符合解放軍的發展。二〇〇三年的第一次波斯灣戰爭奠定了當代戰爭的基礎，也讓解放軍高層知道未來部隊的發展方向，但當時解放軍並無相關概念，只能先透過大量翻譯建立基礎，這也是胡錦濤時期主推科學發展觀的原因，畢竟現代戰爭沒有資訊（中國稱為信息）化的裝備是沒有辦法打贏現代作戰。而在二〇一〇年後，解放軍的許多研究資料也開始討論，當時的組織架構，不符合聯合作戰的體系，特別是在各單位的級別與權責不同的情形之下，很難發揮資訊化的效用，這都是二〇一六年習近平推動大規模軍事改革的目標。習近平的軍改確定「軍委管總、戰區主戰、軍種主建」的架構指揮原則，並將過去職能分散在各單位的資電、航天系統與後勤體系重新整頓，將其整合為獨立的戰略支援部隊與聯勤保障部隊，讓解放軍的指管體制能更符合一體化聯合作戰。

但解放軍也深知，無論擁有多先進的軍事武器，最後還是要由人來操作，因此如何培養能進行一體化聯合作戰的士官兵，就是解放軍當前所面對的挑戰。此外，軍改後解放軍不斷要求演訓實戰化，但軍改後的後勤體系在二〇二〇年的「戰疫」行動中，出現了許多的不足。而解放軍內部的貪腐問題，並未隨著徐才厚、郭伯雄、房峰輝、張陽的落馬出事而停止，這都代表強調「能打仗、打勝仗」的解放軍，最大的對手可能不是外國軍隊，而是長期的積習以及在制度面上的問題（如退撫）都可能會是影響戰力的因素。雖說如此，但當前不少民眾都因資訊不足或是在誤導之下，無法對解放軍有完整的了解而有錯誤的認知，這也影響到對於國際安全局勢的判斷。

固然我國在兵學文化有相通類似背景的情況之下，應為國際從事解放軍研究的重鎮，但解放軍研究一直是學術研究圈內極為罕見的領域，除先天軍事研究限制之外，資料收集的錯誤與對中共組織的認識不足，都讓許多有志參與此研究的同好不得其法。特別是解放軍的組織與制度與他國軍隊有相當大的差異，若以歐美軍隊的體制來解讀解放軍，極易產生誤判。除黨軍關係的根本差異之外，許多制度也大不同。如美中國防部長的通話，雖代表雙方仍維持聯繫管道，但有「三無單位」（無具體編制、無具體機構、無辦公地點）之稱的中國國防部權責是否能與美國五角大廈比擬？軍改後，解放軍無論在體制、作戰、指管體系上都有相當大幅度的改變，我國須善用過去對解放軍研究累積的長期資本（除了語言之外，也包含軍事文化與兵學素養），進而精進研析以情報力作為研判的資本，才能破除迷思與恐懼。近年我國不斷強調全民國防的重要，但在達到全民國防之前，是否先讓民眾具有認識國防的概念？特別是在面對解放軍的威脅，我國民眾對其的認識是否正確？抑或是成為大外宣下的犧牲品？這都是須面對的課題。

本書作者王立與沈伯洋為目前國內對相關議題著墨頗深的新銳學者，對於國防安全與資訊戰領域有許多深入論述。本書的觀點或許有部分依然有討論空間，甚至也有不少不同意見，但在探討的議題上，絕對提供了許多論述方向以及針對當前民眾容易被誤導的議題做出分析。雖說讀者在閱讀後可能也會對作者的觀點有不贊同之處，但若本書能夠激起更多民眾對於國防軍事議題的重視與思考，甚至能針對所論述的議題深入探究，這或許更是本書的一大貢獻。

帶領美國打贏二次世界大戰的小羅斯福總統（Franklin Delano Roosevelt）曾經說：「我們唯一值得恐懼的就是恐懼本身。」這也是當前我國的狀況，若持續將似是而非的訊息流竄，或是對於解放軍的認識仍是一知半解，無法看清全貌，自然會流於恐懼。法國戰略學者薄富爾（André Beaufre）也說：「歷史的風若吹起時將壓倒人類的意志，但預知風暴的來臨並克服它們，且使其為人類服務則又還是在人力範圍之內，要控制就要先知，最壞的就是觀望，那經常是無為的藉口，決定命運的是人的決心與智慧。

不幸的是這兩者常感缺乏，於是帝國的崩潰不是由於敵人打擊而是由於其內在的矛盾。戰略的要義是預防而非治療。過去一切的失敗經驗可以歸納為兩字，太遲。」如今，隨著解放軍現代化的成長，台海安全與我國國防是我國全體軍民必須面對的狀況，我相信讀者在閱讀本書後，會跟我一樣思緒起伏，感受強烈。

阿共打來怎麼辦

你以為知道
但實際一無所知的
台海軍事常識

導論

這本書的緣起始於總統大選前的二〇一九年。依照往例於大選前，必會出現軍事謠言傳播賽，而以往這都是少部分中國網友配合台灣統派譏諷貶低台灣國軍，散播吹捧解放軍實力的農場文。但在這次大選，此趨勢已擴張到一般民眾，透過LINE、臉書等封閉群組特性，中國加強資訊戰的力道，要讓台灣民眾普遍去相信，中國解放軍的實力不僅可以三兩下打敗台灣，更可以超英趕美，不出數年就可成為新世紀霸權。

這些謠言的目的就是要台灣人早點認清現實，快快投降。

情勢渲染到這種程度，就不能再等閒視之，更讓人傷透腦筋。經典謠言之所以歷久不衰，代表的是台灣人對這些軍事謠言的認知不足。更頭痛的是，在台灣長期藍綠政治對抗的結果，竟然讓兩邊支持者對於理應客觀面對的軍事議題，採取政治立場優先的態度。再加上封閉群組特性，極度不易傳達正確認知的澄清文，於是就有了著書說明的想法。

不同政治立場卻同樣缺乏軍事常識

仔細檢視這些謠言，可說是數十年不變，但因為大眾缺乏基礎軍事常識，導致應該是可以清楚理解的概念，卻往往有極大的認知偏誤。不僅僅是泛藍的群眾，連泛綠的支持者也常是如此。錯誤的認知，在心戰的層面來說對台灣當然是不利的。更糟糕的是，這會影響到我們對國防建軍需求有不切實際的看法。

這些看法，不管是認為解放軍無敵，台灣怎麼做都沒勝算，不如放棄軍備；還是反過來覺得台灣必勝，所以武器亂買也沒差，這兩種想法都會對國家安全產生障礙。

筆者在寫作此本「軍普」讀物時，最大的困擾在於軍普跟科普不一樣。科學觀念通常是一個理論、一條公式去表達一個現象，可透過嚴格控制的實驗與對照組，看出相關變化。但軍事知識卻不是如此，軍事類的題材每一個都涉及多個面向，就算是最基礎的射擊，槍枝射擊要射得準，就不只是瞄準、扣扳機這麼單純。

這反映在我們周遭生活更是如此。許多人對於軍事概念，最多是自身及親友服義務役的經驗，且都是負面觀感，集中在不合理的訓練，與老舊易故障的設備等印象上。

對這些人來說，「國軍本來就很爛」是一個體驗到的事實，這非常難以扭轉。但客觀來評論其他國家的義務役軍隊，會發現只要沒有正在經歷實戰的軍隊，普遍跟台灣國軍一樣爛，頂多差在爛的方向不同而已，更不用說解放軍的一般部隊同樣很爛。其實就算是美軍，也是有不少軍人常會抱怨進行無意義的工作，只是再怎樣美軍都是可能上戰場的，所以擺爛的比例就低很多。

但就破除謠言的角度來說，沒有比這種先天認定國軍很爛更難加以說服的背景。這讓筆者在寫作上，只能優先破除謠言較為基本的部分。那些被多重轉化到很複雜難解的謠言，本質上都是訴諸無知論，用你不可能證明的地方，反過來強迫你相信他們的假設。

試圖將軍事常識解說得簡單易懂

無論如何，該做的事還是得做，所以在朋友的鼓勵下，筆者開始在部落格與臉書粉專上連載一些常見的謠言，以及如何破除謠言的文章。本書是在這些連載文章的基礎上，重新整理並修正部分內容，希望可以幫助大家多加了解兩岸軍事的基本觀念。

本書的難易度，基於普及化寫作的角度，會站在基本科學事實上，試著以中學理化就可以簡單計算的範圍，把謠言超過物理限制的部分，予以一一破解。但筆者也希望讀者可以體諒，要把內容深度控制在中學程度就可以理解「整體」，實在異常困難。因為軍事本身就涉及許多社會經驗與常識，若為了求真而把難度提高，願意且能夠理解的人就會變少；若把難度降得太低，又會使破解謠言系列像是軍方文宣品，這又不是撰寫這些文章的初衷了。

本書一開始直接切入近三十年來常見的軍事謠言，以及如何破解。再下一部分接著解釋中國若想要侵略台灣，最正常保險的戰術是什麼，然後再補上非軍事作戰外，中國究竟對台灣採取了哪些非軍事戰爭的侵略手段。

前三個部分在一般的理解次序上像倒過來談，先從武器的性能限制談起，再來了解解放軍可能使用手段的侷限，最後談現在和平時期中國共產黨是怎樣發動對台侵略的。如此安排的目的是想讓讀者可以先有個概念，曉得各種看似鋪天蓋地的攻台方法，若不是成功機率極低，就是需要天時地利人和完美搭配，絕非所向披靡的神兵利器。有這些基本理解之後，讀者就能夠建立一套較完整的觀念，曉得解放軍為了提高勝算會使用的戰術，其合理的範圍在哪裡。

我們希望讀者透過這些分析來理解，國防部採購哪些武器，想要建立怎樣的編制，為何要這樣部署，都是有其根據的。參謀軍官們並不都是薪水小偷，只是礙於各種身分與保密原則不便多談。

接下來兩個部分，試圖提供讀者較寬廣的視野，介紹與台灣有關的周邊國家，站在其本國立場，會怎樣規畫戰略。當大家對於解放軍的實力有初步的認知，理解各國怎樣看待自己的地位，就會發現許多謠言完全與其他國家的戰略相衝突。要讓謠言裡的狀況合理可行的唯一可能，必須建立在中國強大到所有國家都跪拜朝貢之上，但現實世界並不是這樣運作的。

而筆者也試著提供解放軍站在本身的視野上，建立軍隊目的的推敲，判斷其軍力究竟劍指何方。畢竟台灣人一直聽到的，都是中國以統一台灣為目的，且願意不擇手段不計犧牲，卻極少有人想過，中國統一台灣後要幹嘛。

多年來從中國傳來的謠言，基礎皆為中國採取的是進攻性思維，要建立漢唐盛世，讓萬邦來朝。台灣人自己處在相對弱小的位置，被謠言蠱惑，忘了中國建軍也可能是害怕被侵略。立場對調，站在北京的角度，可能會有完全不同的想法。

這也是筆者最大的期待，希望讀者閱讀完全書後，可以有較清楚的整體觀念，理解台灣建軍的需求，認識整體周邊情勢，了解對手的能力與限制，而不是一味的失敗主義，把自己看扁，那就落入對手的圈套了。

第一部　破除常見的攻台軍事謠言

在這一部裡的篇章主要說明從一九九〇年代台灣民主化開始，中國不時對台灣進行武力統一宣傳，因而產生的各式各樣謠言。在此將對其中較為經典的幾款，予以全面剖析。希望藉著這些說明讓讀者可以快速理解，為何中國武力犯台的機率不高，武力統一成功更是近乎痴人說夢。這背後的道理不是盲目的信心，而是科學。

破解這部分各章節闡述的種種謠言，採用的數據多半是使用維基百科與武器年鑑中的公開資料，太過離譜的數據則不予採信。並將透過一般常識性的敘述，讓讀者了解謠言之所以沒有根據，原因到底為何。

綜觀這些謠言的核心都具有共同的特性，每一種謠言都不是全然造假，而是建立在部分真實的基礎上，但在關鍵的地方含糊其辭，甚至膨風加上說謊掩蓋。當把虛假的成分混進了一點真實，三分真七分假，就容易使人看到真的部分與自己認知的資訊符合，就會以為其他的也都是真的，便容易使得對軍事知識不足的人根本無法分辨真假而輕易上當。

大部分的謠言主要的矇騙手法有三大類：

第一種，**不討論使用上的限制，而且用最極端的狀況，強迫人接受違背常理的極端條件，再從不可能發生的極端條件，硬是推出普遍性結論**。例如，強調Ｆ１賽車從台北到高雄全程只要一小時，你必須接受這個事實，然後推論出只要你開自家車，適合的條件下也可以一小時台北抵達高雄。一般人都會覺得這說法不可思議地愚蠢，但在軍事上則因為一般人普遍對武器沒有基礎概念，就會輕易相信條件適合下可以成功，就會被謠言所拐騙。

第二種，**混淆時空背景，把好幾種各別才能成立、有些還相互牴觸的條件混在一起**，宣稱中國人民解放軍具有超乎想像的強大實力。例如，中國有沒有可以運輸坦克的登陸艦？有的。中國有沒有能夠大量可載人的船隻，有的。所以得出，中國可以用大量船隻運送坦克渡海的結論。這就跟世紀帝國電玩的運輸船一樣，可以載十頭大象卻不能裝十一名弓箭手，純粹數值化而不考慮質量與體積。這是完全不考慮船隻有體積問題，你不會把坦克用疊放的方式裝在船裡，乘員也不可能像疊罐頭一樣塞進船艙，更不要提登陸用船隻，必須考慮作戰人員要馬上下船的動線。此種不考慮質量與體積，只用載重計算最大值，正是此類謠言常見的模式。

第三種，**直線式推論，並強迫用「料敵從寬」接受謠言，不接受就是有意識形態作祟**。例如，中國有沒有航空母艦？有的。有沒有適合的艦載機？有的。三年內是否能夠成軍？是的。可以航行到台灣東部海域嗎？可以。所以結論，航空母艦將會讓台灣東部失守，喪失所有海空優勢。這是典型的看到女孩露出胳臂，就聯想到要進行性行為的超跳躍推論。

以上三大類，可以說全部都會要人料敵從寬，不寬者就是輕敵。但料敵從寬指的是依照資料做出合理的推斷，把敵人實力加個二成，不是料敵如神，想像敵方每個士兵都有少林武功能飛簷走壁，漁船舢舨就可以裝坦克渡海。台灣過去數十年，深陷這種過於高估敵人輕忽自己到一種病態的程度。

以下篇章將開始針對常見的謠言，以科學的論證加以一一解構。

LOCUS

LOCUS

一、彈道飛彈無敵論

最常見的謠言的核心，是把中國擁有的彈道飛彈當成無敵的武器。其誇張的程度，曾聽聞只要一發就可摧毀一座機場、一整座電廠，根本就是把一般的炸藥當成了小型核彈。此種彈道飛彈的謠言，透過時代的演進，已經轉變多次，深入台灣群眾的腦海，建立了一種印象，好像開戰後不久，全台就會受到彈襲陷入火海。

透過彈道飛彈很恐怖的描述，加以衍生到龐大的數量，製造出恐怖的氣氛，形成驚嚇民眾的利器。根據目前可查的資料，中國人民解放軍擁有的短程、中程導彈，預估在兩千至三千枚左右。彈頭可攜帶的炸藥量，約五百公斤到一千五百公斤上下。這些訊息光聽就覺得非常恐怖，而這更發展出「千彈攻台」的劇本。這類謠言，從中國擁有東風型彈道飛彈開始就出現，基本概念就是人海戰術、萬砲齊轟金門（八二三砲戰）的衍生物，說是同人作品也可以。

此類謠言的內容不外乎是，上千枚無法被攔截的彈道飛彈，在開戰後不到數小時，就會把台灣所有空軍基地、防空陣地、政府機關、民生設施，所有你想得到的重要基地全都打爛。所以沒有戰機可以升空、沒有船艦可以出海、陸軍失去所有武裝。緊接著數百台解放軍空優戰機就順順地開過來奪得制空權，接著海軍出現搶下制海權，一路順風讓陸軍登陸……然後就贏了。

飛彈基礎概念

依照美國國防部中國軍力二〇二〇年報告指出，中國所擁有的各式飛彈可大致分為五類：洲際彈道飛彈、長程彈道飛彈、中程彈道飛彈、短程彈道飛彈、陸射巡弋飛彈，其數量分別為一百枚、兩百多枚、一百五十多枚、六百多枚、三百多枚。依其可能攻台模式與台灣反制作為，據信該謠言應以中程彈道飛彈、短程彈道飛彈與陸射巡弋飛彈為主要攻擊手段，因使用洲際與長程彈道飛彈均不符合成本效益。

由上可以計算，其對台威脅飛彈數量約為一千零五十至一千三百枚，最不易遭受攻擊的發射系統均為中程彈道飛彈，但其發射器數量幾乎等同於飛彈數量，而可以進行再裝填的短程彈道飛彈與陸射巡弋飛彈，其發射器數量則分別為二百五十與一百，但其射程均在台灣反制攻擊範圍內。

地對地飛彈部隊作戰講求「機動原則」，作戰時極度依賴鐵、公路之暢通。中國對我國當面之東南沿海地區大都為丘陵、河谷密布之地形，不僅機動期間易遭偵測，若交通孔道遭破壞，將影響機動時效。

例如，依機動時空因素分析，解放軍戰術彈道飛彈營之人員、輜重若從江西樂平前推進駐至福建永安（全程約三百七十公里），期間包括裝備拆卸、裝載、運輸、卸載、入庫、裝配及測試等程序，全營完成作業時間將超過十日以上，而這段時間都會是我方可以預警、甚至發動先制攻擊的機會。

簡單來說，其對台當面最多一次可以發射的飛彈數量為五百枚（忽略跨軍區之限制，單以三種飛彈發射器總和且妥善率為一〇〇％計算之），且第一輪發射後，其單次可發射數量就會降到三百五十枚，最多也僅能持續最大數量共三次發射；若以妥善率八成計之，則首次最大發射數量即降至四百枚，以目標分配來看，若全台共有十一個空軍基地、六個主要軍港、二十五個陸軍主要基地、雷達站等目標二一個、總統府等行政指揮中樞目標五個（總統府、行政院、國防部、國家政軍指揮中心、內政部等重要指揮節點），尚不計發電站、變電所、火車站、重要金融機房等設施，即已有六十七個目標，平均單個目標僅可分配到七．四六至四．七七枚飛彈。若以蒙地卡羅法（Monte Carlo method）來評估一條三千七百公尺長、六十公尺寬的跑道，需要至少六枚圓周誤差精度五十公尺以內，且破壞半徑二十五公尺的對地彈道飛彈攻擊，才會有八四％的機率遭截斷；但考量我方戰機在不同掛載下，僅需六百至一千公尺長度即可起飛，表示解放軍當面所需投射彈藥數量可能須提升至兩到三倍，才能有效完全癱瘓我方空中武力優勢，更遑論其數量最多的東風十五型戰術彈道飛彈精度誤差為三百到六百公尺之譜。

所以，在軍事專家的眼裡，這些謠言根本鬼扯到極點。

現代戰爭不是第一次世界大戰可比，使用人海衝鋒戰術，過去就被證明效果不大，更不用說現代武器涉及精密電子零件，各種電子零件的精密度高度影響武器的精準性與協調性，並不是有數量就好。但為何這個謠言可以一直傳，即使二十多年來無數人寫文反駁，還是可以傳個不停？

跟所有的謠言一樣，其中都有部分的事實在，而這個謠言的最基本核心，叫作「料敵必須從寬」。讓我們先把這個謠言以及變種的理論核心重溫一下。

飛彈的準確度與威力

大體上來說，東風型彈道飛彈，如果是攜帶五百公斤炸藥以上的彈頭，直接擊中擺放飛機的機堡，就是堡毀機亡。機堡內任何重要設備想要避免損毀，大概得要加固很厚的鋼筋水泥，才能夠防止被「直擊」後，「震波」所產生的破壞。

讀者一定會問，既然威力這麼大，這難道不能讓人戒慎恐懼嗎？

先讓我們離題談一下炸藥。近年來網路資料的變化，過去只要談到飛彈，中文資料幾乎都有兩種數據：「CEP」以及「TNT當量」。但近年來不管是什麼中文版資料，CEP數值都快看不到了，或是中國產的性能，被調整得極為接近，甚至超越美國。威力常見「核彈頭當量」，幾乎看不到一般炸藥的敘述，只誇言其威力強大。這其中的意涵是，模糊掉中國武器的效能，盡量做純粹的宣傳。所以為何中國的大外宣要把所有中國彈道飛彈，讓你潛意識中用小型核彈的威力當基準？

當然就是恐嚇而已。這十年來我們見過大部分想討論的人，都是查維基百科，或是Google首頁常出現的中國農場網站，內容都是這類「極端情況」。坦白說沒討論價值，都用核武了還要講什麼。用核武當作標準，替換掉常規炸藥的威力，則是這類謠言的核心根本。換句話說就是不使用核武，常規武器的效能極差，差到根本不能見人，所以才不寫，才用核武來恐嚇。

要理解數百、數千枚導彈轟台讓國軍癱瘓的謠言，其實建立在沒有太多效果的基礎上，讀者必須了解上面講的兩個概念：

1、CEP（Circular Error Probable）

2、爆炸威力（TNT當量）

CEP的概念看起來很難，其實沒有那麼難懂，若看不懂維基英文版，也不打算做這行或研究，那麼就不需要去死背公式跟定理，只

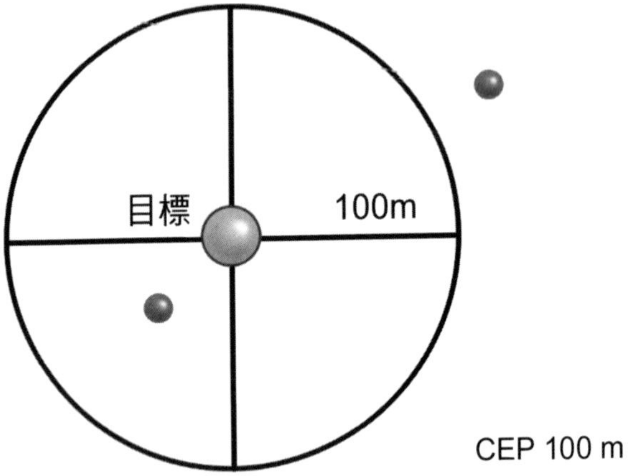

要知道CEP就是俗稱的「誤差」就好。雖說CEP也不能稱為誤差，但請先用這種方式理解。因為中文的用字不精確，會讓你誤會，以為這是打到或是打不到。CEP的概念是機率，可用右頁的範例圖解說明。

範例：一枚彈道飛彈 CEP 100 m，代表什麼意思？

答案：根據「統計結果」，發射兩枚飛彈，會有一枚落在「以目標為中心，半徑一百公尺的圓形區域內」，若發射一百枚就是有五十枚會落在這個圓形內。統計結果代表的是機率，二枚飛彈統計上會有一枚落在範圍內。但這不代表你發射二枚就一定有一枚會擊中，因為機率是每次獨立計算的。

我們可以用中學的機率去計算出，發射多少枚才會打中，反過來說就是多少枚都打不中，會需要幾發。下表列出簡單機率，就可以清楚地理解，「一枚都打不中的機率，以及至少命中一發的機率」。

發射數量(枚)	完全沒命中(%)	至少命中1發(%)
1	50%	50%
2	0.5^2 = 25%	75%
3	0.5^3 = 12.5%	87.5%
4	0.5^4 = 6.25%	93.75%
5	0.5^5 = 3.125%	96.875%

正常人看完後大概會想，只丟一顆的命中率也太低了，畢竟這是落到目標區一個範圍的機率，不是打到目標的機率。

是的，就是這麼低。所以第一次波灣戰爭時，聯軍會開飛機臨空瞄準投彈，用F117隱形戰機摸到雷達站跟飛彈頭上再丟炸彈，而不是只在千里外丟飛彈就算了。

如果你還是無法理解這到底代表什麼意思，請看下張地圖。意思是解放軍發射了一枚威力強大，CEP 100 m 的彈道飛彈，只有五〇％機率會落到圈

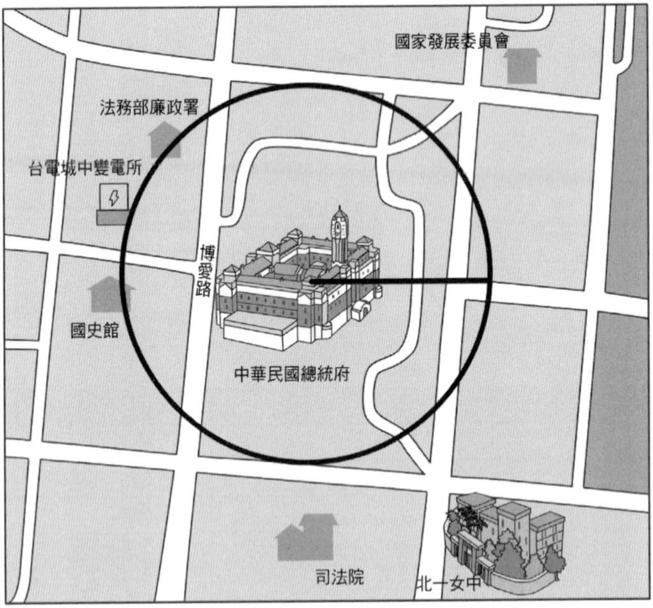

內，另外五〇%會在圈外……等等，右下角好像有一間學校。

這衍生出兩個大家需要了解的問題。第一，就是這麼不準，瞄準都市區域內的政府、軍事機關，一個不小心不就砸到旁邊的民間單位，如果不是高中，而是小學、幼稚園、醫院，這絕對會是世界級的公關災難（不要忘了台北市的國際記者數量很多）。

好了，退一步說，想要砸到目標，至少要丟兩顆，機率不是說兩發必定中一發，只是說統計上丟得越多，命中數量趨近五〇%，單純依照機率，如前面表列所示，要確保九〇%以上的擊中率，要發射四枚同型飛彈。這就代表解放軍帳面上三千枚導彈，假設CEP統統都是100 m，實際上要保證有效，攻擊目標就只有七百五十個。

第二個疑問就是，總統府這麼大，丟一顆就被打到不是很剛好嗎？是的，越大的目標越好打。想要知道命中率公式，維基可以查，我們也在下面列出，有興趣的可以自己代入面積計算。我們之後只講計算結果，盡量捨去小數點，進位到比較大的數字。

CEP公式：

$$p = 1-\exp\left(-0.41 \times \frac{R^2}{CEP^2}\right)$$

p：機率　R：目標物半徑

我們把之前那張總統府地圖，改成機場跑道，一條寬度二十公尺的跑道（二十公尺寬的跑道是戰機起降一般最小需求寬度），會變成下圖。我們會發現，這一樣打不到，你得要發射很多很多顆才可以。但你如果提出這一點，保證、絕對會出現一種人，強調飛彈威力很大，打偏一樣會有很大的效果，所以兩顆就很夠了。

他有講錯嗎？基本上沒有，所以這邊開始帶到第二個要講的，爆炸威力。

爆炸威力，不是裝很多炸藥就一定很好。大家可以想像一下鞭炮，應該會有人有類似的經驗，小時候玩水鴛鴦，被同學丟到手腳上爆炸，會很痛但是只有皮肉傷。但如果你是握在

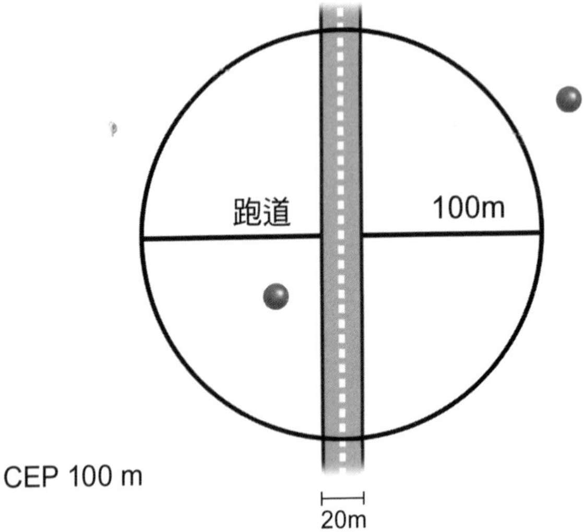

手裡爆炸呢？爆炸能量會全部被你手掌吸收，紅腫破皮加嚴重燙傷，甚至會有傷口流血。若威力更大一點的鞭炮，握緊在手掌心，保證皮開肉綻。請不要自己嘗試，想要試驗可以拿容器塞東西驗證。

這意思是，爆炸還得看在哪裡爆，被炸的對象硬不硬。一般來說需要注意的大概有這二個：

1、爆炸地點

2、目標材質

飛彈在跑道上空爆炸，沒有直接擊中，依照水泥的特性，基本上只會有幾個被碎片打破的小洞，還有一堆碎片要清掃。撞到跑道才爆炸，爆炸威力大部分會往上散失，只會留下一個小洞。飛彈得要鑽入跑道內一定距離，才會炸出一個大洞。通常彈道飛彈的速度，能直擊跑道的應該都會是大洞，但實際狀況沒驗證很難說破壞多大。所以要驗證最佳的辦法，就是把快過期的炸藥，裝設在簡易水泥跑道，用各種方式炸一炸，當作莒光日教學。

故有人提出，採用子母彈頭可以有效破壞跑道。所謂的子母彈頭就是一枚彈道飛彈，在落下之前放出彈頭裡面的多枚小彈頭，呈現一個面狀的轟炸效果。這確實可以很有效的擊中跑道，但同樣有爆炸威力的問題，畢竟彈頭就那麼大，改裝十顆小彈頭，威力就是比較小，炸出的坑洞當然也小。雖然以干擾空軍恢復跑道運作來說是足夠了，但這距離摧毀機場差距甚遠。或是使用戰機攜帶集束炸彈攻擊跑道，如國軍的萬劍彈，解放軍也有類似的武器，傳言的天雷500就是。

那麼爆炸範圍呢？用基礎物理的概念來設想，彈藥爆炸時會以球狀向外擴散的形式，所以能量會快速遞減，以五百公斤ＴＮＴ炸藥的爆炸威力來說，面對鋼筋水泥材質，沒有直接打到，而是在旁邊數公尺乃至數十公尺炸開，基本上不會毀損，會有破壞力的是震波。

震波就是更難講清楚的東西，在此試著簡單說明。一個震波向外傳遞，遇到物質會有部分能量被吸收，部分穿透過去，這個穿透的比例要看該物質是什麼材料。倘若飛彈在跑道上空爆炸，震波傳到水泥跑道上，固體會把能量往底下的土壤傳遞，只要跑道不是豆腐渣工程，要震碎到不堪使用不大可能。

但民眾想知道的是，那對於一般人的影響呢？如果彈道飛彈炸到我家，不是超恐怖的嗎？

這個嘛，如果真的不幸落到民宅，真的會造成毀損，但也不要太沮喪。一般平房或是透天厝，大概只能躲到地下室才能逃過一劫，而ＲＣ建築等鋼筋水泥大樓，除非正好打到居住的樓層上下兩層內，不然人應該只是被震得頭昏眼花，會受傷但不會死。

以士兵的角度來說，一個士兵躲在一般的鋼筋水泥房子內，假定外頭有一顆五百公斤ＴＮＴ威力的彈道飛彈落地爆炸，強烈震波衝擊而來……

若爆炸點就在牆壁外面幾公尺，士兵應該會被震波震死，連同牆壁都被震碎，運氣不好連附近的弟兄都會被垮下的瓦礫埋起來；若爆炸點在十幾公尺外，沒死也半條命，但房子結構還在，士兵會受傷很痛苦但送醫還有救；數十公尺外，大概就是很不舒服的程度。

這只是概念，實際狀況要看位置、掩體情況（好比在牆壁上貼了好幾條棉被），這沒有辦法很確定的給個答案，若在十公尺外但隔了另一棟房子，他也不大會有生命危險。所以最佳的方式還是：「軍方自己當『流言終結者』去炸炸看，假人不會很貴」。

但如果是純粹的軍事設施，例如水泥跑道呢？就是得要直接砸到才有用。爆炸威力要大到可以震碎跑道以至於不堪使用，飛彈得要很大很大顆，這不如多砸幾顆小的，改用子母彈做廣範圍破壞。

所以，我們回到CEP上，上圖那個長一百公尺、寬二十公尺的跑道，要被一枚CEP 50 m 的飛彈擊中，機率到底多少？由於公式是設定目標物為圓形，在跑道為縱長形下，我們設定飛彈落點為一個正圓形分布，會有誤差存在，就只是這樣先代進公式，會得到約八％上下的機率。

若要精算，需要考慮跑道的長寬，我們在此談基本概念不用考慮太複雜，直接將跑道面積等同圓形面積代入，結果就概念上不會差太多。採用蒙地卡羅法，使用電腦計算的結果，約介於六％至九％。

是的，結果就是這麼低。你若要把爆炸範圍硬加進去，那就得要代另外的公式，可是才剛講過，砸跑道這種水泥材質的物體，得要很接近才可以。所以為了不讓問題太複雜，考慮太多條件，我們就把爆炸範圍直接用跑道加倍成四十公尺寬來替代（這其實命中機率更高），變成下頁圖所示。

重算一次，機率變成一五％，就是大概發射六發會中一發的程度。

那麼，解放軍的導彈，CEP大概是多少？官方跟可信的資料，大概落在數十到數百公尺之間，一般都是拿一百公尺至三百公尺計算，距離越長的CEP就越大。但畢竟料敵要從寬，所以向來都是用CEP 100 m當作標準，料敵從寬一般會抓到50 m。

依照這些年解放軍的發展，彈道飛彈的CEP應該可以壓到約50 m左右，但由於中國的宣傳甚至超越美國標準，這種中國科技超英趕美的說法，除了笑以外還真不知該怎樣回應，信不信就看個人了。但若以CEP 50 m作為基礎計算呢？剛剛的100×20公尺跑道，擊中機率會上升到約三〇％，換成100×40公尺跑道，會超過五〇％。

飛彈很貴，不會無限制地砸

大家現在應該可以理解，即使面對上千枚彈道飛彈的威脅，國軍的愛國者飛彈始終

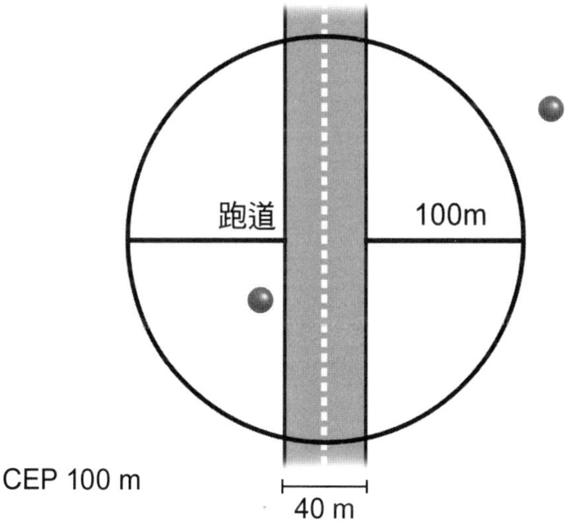

抵達不了相同數量，真正的原因並不是買不起或是不想買，而是彈道飛彈沒想像的那麼恐怖。任何軍事防禦都得計算成本與效率，多花一百億降低五〇%的風險，大家都會付帳；但只能降低五%，會考慮的人就會變多，假設只能低個〇．五%，還會想花一百億的應該就沒幾個。

實際上要使用彈道飛彈這麼昂貴的武器，必定是瞄準高價值目標，例如樂山雷達基地，或政治含義高的總統府。而且彈道飛彈的發射有兩種形式，窖射（地下發射裝置）跟發射車，不管哪一種都有很基本的時間問題，意思是彈道飛彈不可能一次三千枚齊發，第一波充其量只有四分之一不到（實際上更少）。

這幾年彈道飛彈謠言突然少很多，很大一部分的原因是解放軍的飛彈數量沒有大幅增長，而台灣的機場、防空飛彈數量一直在提升。即使中國的飛彈精準度有提升，還是要排出攻擊的優先次序，是要先打掉樂山雷達，還是針對國軍的空優戰機，或是防空飛彈，無法面面俱到。

這還要考慮打擊點，如果解放軍想要奪取制空權，那麼就得要先破壞機場，以及地對空飛彈的基地。依照中國可能對台採取攻擊前的情況，台灣不可能毫無準備，那麼彈道飛彈要攻擊機場，癱瘓跑道運作，摧毀油庫補給，在有愛國者三型的防守下，一個基地少說使用上百枚，才能確保第一波能有效癱瘓機場的正常起降，至少戰機數小時內無法升空（緊急起降就不一定）。

若把進入防禦陣地的地對空飛彈部隊算進去，想要有效摧毀一個飛彈連，使其威脅不了進攻的解放軍機隊，一百枚都嫌少。故把所有第一波要摧毀的基地數量算進去，可以得到一個簡單的結論：**中國的彈道飛彈是不夠用的**。這不是說三千枚的總量太少，而是實際上不可能一次全部發射，若不有所保留，先不提日後無飛彈可威脅外敵，若台灣還保有高度威脅的部隊，將會面臨遇到麻煩時無彈可用的窘境。

軍方不是沒有想過去加強抗炸機堡，把戰機打散布置，以及在許多可以當作臨時跑道的高速、快速公路旁，增蓋幾個小型油庫，或是增添多一點的加油車。只是這種不起眼的設施，總是比不上大筆軍火交易吸睛，在民眾普遍缺乏軍事常識的狀況下，一般人只會想到愛國者飛彈之類的硬保護設施。

其實最好的辦法就是上段講的，每一個可以當起降跑道的附近，都蓋個小型油槽與臨時彈藥補給站，增添許多加油車。以解放軍的角度來說，這等於台灣多了十幾座小機場，每一個都可以讓戰機起降，形同需要打擊的對象變多。即便這類跑道只需要十多枚彈道飛彈就能夠癱瘓，這還是得讓敵軍花費昂貴飛彈在這些目標上，對於其他軍事設施就能有效降壓。

但要民眾從整體軍事保險的角度去看待軍隊發展，難度頗高，這也是導彈謠言可以快速傳播的溫床。

彈道飛彈無敵論的謠言殺傷力

謠言破壞力	謠言傳播率	實際威脅度	最低成本解決方案
超高	超高	頗高	分散式部署

二、千台無人機癱瘓防禦論

這個傳言，最早二十多年前在大學BBS年代就有流傳，教官說中國可以改裝殲5、殲6等落伍的飛機，透過遙控的方式，一次數以百架對台襲擊，多次數千架飽和台灣的防禦能量，等到台灣空軍精疲力竭，再出動最新的SU27等等，就可以輕易得到制空權。

這並不是新鮮的理論，國防部在當年也有討論過這類狀況，只不過最後都沒有很認真的去面對。以至於看過內部報告或是論文的軍官，在不了解相關專業的情況下，把軍方例行性討論項目，當成解放軍制勝武器。這嚴重程度不下彈道飛彈無敵論，而最會談這種概念的主要是陸軍，空軍出身的幾乎沒聽過有這樣講。於是乎這類謠言的根本，是在部分屬實的條件下被當作成立，開始被傳播。

這個謠言從以前到現在改過好幾個版本，二十年前說改殲6，後來改轟6，現在開始出現殲7。隨著時間演變，無人機的等級一直往上升，十年後我們下一代大概會聽到殲10或是殲15的改裝版。沒有改變的，就是把解放軍尚未淘汰的過時戰機，透過先進的電子遙控能力，改裝成大量的無人機。

遙控無人機的物理極限

這個問題在哪？問題在於這類謠言不考慮空戰的實際狀況，直接把人海戰術套用在空戰上。以下讓我們逐步討論，使讀者較容易理解這個謠言本質上是技術問題，還是物理極限的問題。

首先，我們先不管「怎麼遙控」好了，也不管電波控制有距離限制，假設真的一次可以飛個五百架舊款改造的無人機，還能攜帶武器。請問這些飛機要怎麼飛？直到今天，地球上還是沒有子母機的設計，想要用人力遙控會有人力處理極限，一個人總不能同時控制十架無人機，用電腦遠端遙控或是無人機自動駕駛，想達到完全擬真飛行員的程度，實在做不到。

意思就是，這種無人機大概只能直直飛過來，對著確定的目標發動攻擊，或單純的當誘餌靶機。

這裡衍生的問題跟答案就兩個：

第一，直直飛過來，嚴格說不需要耗費昂貴的空對空飛彈，只要地面防砲武力就可以處理了。而遙控機種只能針對確定的目標打擊，已經開出部署在陣地，或是處在移動中的車輛、船隻，無人機沒辦法在進入戰爭狀態前，提早得知確定位置的。換言之，這種海量無人機要不是很好對付，就是我們很確定對方會想要攻擊哪裡，需要集中防守的範圍就很明確。

第二，飛彈有射擊角度，不管無人機使用飛彈或是火箭、機砲等，都有低空跟高空的攻擊角度與使用條件。想使用精密飛彈導引攻擊固定目標，搭載在無人機上是很愚蠢的，這不如使用巡弋飛彈比較快。把昂貴的精密武器裝在很容易被擊落的無人遙控機上，性價比太低。若使用火箭、機砲等其他武器，則需要看得到目標，不僅要飛到低空，還得低速飛行，不然很難擊中目標。但這反過來說就是，陸軍的防空武器要打下無人機也不難。

這是比較軍事戰術上的理由，但除此之外為何這種遙控技術也說不通？讓我們用點比較生活化的方式來理解。

遙控飛機不是有遙控範圍嗎？遙控訊號不夠強，距離太遠，就會控制不了。那麼，中國要在哪裡設立這個遙控基地？請注意地球曲率的問題，超過一百五十公里就當成看不到比較好。拿去打金馬還說得過去，遙控站就在廈門，台灣守軍也不見得有辦法。

但拿來打台灣就是胡說了。超過一百公里以上，即便處在高空，還是得要有中繼站，也就是需要有預警機類的高價電戰飛機來中繼遙控訊號。更何況戰機體積龐大，可不是小台無人機，改裝無人版本後，起飛上天一樣要一台一台飛上去，飛上去後還要滯空等其他友機都上來，而且因為體積大速度快，需要相當寬闊的空域才能塞滿數百台。所以為何這種戰術中國始終沒有採用，因為根本做不到同時控制數百台，先在中國上空盤旋燒油，等到數量夠多再一同進發，還只能直線前進。

況且作戰還有空域限制，僅靠地面或是空中遙控的程度，要讓飛行速度超過〇．五馬赫（音速一半）的飛機，在上空塞到幾百架，這樣會撞成一團吧。這也代表戰機數量太多，光是控制到可以直直飛來台灣上百公里，都不會摔機就是超難的技術。如果覺得這一點都不是問題，可以找同好到河濱公園玩遙控飛機演練看看，只要十台就好，限定大家都在同一個範圍，差不多的高度飛來飛去，看看會發生什麼事。而且這還沒算無線頻率的頻寬跟接收限制。

這也是為何當年教官與大學生的爭論，最後的結語是這些改裝遙控無人機就是飛來讓人打的，目的是用這些本來就要淘汰的飛機來消耗台灣精密高價的空對空飛彈。對台灣來說，除了消耗飛彈之外，還會有政治因素，無法放任不管。因為即使這些無人機是亂飛而來，很難會擊中重要的設施，但空軍還是必須在遙控機抵台前擊落，避免國土被攻擊，或是無人機隨意攻擊平民，產生民心士氣動搖的危機。

順帶一提，近年筆者聽到這種謠言的進化版本，例如無人機可以做出大動作閃飛彈，還可以採用子母機的方式，一台控制多台，對所有設施精準打擊。或者是利用衛星傳訊號，所以再遠都可以精準控制。厲害的還會說邊偵測邊攻擊，無人機已經能夠做到跟駕駛員相差無幾的動作。這多半來自於現在小型四軸無人空拍機被廣泛使用後，將這經驗直接套用在高速戰機上的想像。

如果是這樣，美國怎麼還會苦於缺飛行員，直接戰機無人化不就得了？這麼簡單的技術台灣都想不到嗎，直接找民間無人機公司，改一改不就是絕佳的對中國反擊兵器？

多想一想，會發現之所以沒人使用，絕對不是別人沒想到，而是實在不好用。

費錢又費力

改裝無人機的最大功效，主要在兩個方面，一個是改裝成一次性的遙控火箭，鎖定好固定目標；另一個是改裝成簡易遙控式，安裝一些接收器使其看來很像有人戰機，消耗國軍的防空飛彈。

那這兩個看似成理的效能，為何不註解在謠言內容？因為這不是謠言，是確定可以的戰術，只是基於本益比的理由，中國沒有打算改裝。第一個大問題就是老舊的飛機需要維護，號稱三千架J－6但到底剩下幾架，引擎跟其他零組件是可用的嗎？依照俄系飛機的傳統，恐怕連一半都不到，還能用的也得要大改。

這理由可以歸納成一個簡單的結論：不敷成本，乾脆去製造飛彈還比較省。

無人機技術越進步，價錢就越低是真的，但把戰鬥機改成無人機，不是一般商用無人機那麼簡單。首先，J－6的操控是液壓系統，不是線傳，改裝非常麻煩，還不如安裝假手仿真人操縱，若要全部改成現代的無人機模式，價錢就衝高了。

其次，依照功能論，若要把J－6改成一次式的飛彈，那麼效果實在太差。J－6

勉強可以超音速，與一般飛彈動輒二、三倍音速相比，穿透性差很多。飛彈的彈頭可以依照需求設計，但J－6攜帶炸彈或是炸藥，本體還是相當脆弱，這只等於是把炸藥丟來台灣亂炸，破壞力並不高。若是想要改裝成消耗國軍飛彈用的靶機，那麼就得要維修飛機本身，至少做到可以有點像有人戰機的程度，不然很容易被分辨出來，失去誘敵效果。再者雖然可以透過微波通訊與小型中繼機做簡易操控，但會有訊號量多寡的問題。簡單的講就是，改裝無人機要做到遙控攻擊，那麼回傳的訊號量大，注定不可能一個基地台操縱多台。而一對一的操作實在太沒效率，但不這樣做就無法透過改裝無人機上的螢幕確認敵機，並下達攻擊指令。也就是要一對多遙控，就得犧牲傳輸訊號的總量，只能概括式的下達指令。加上距離台灣超過一定範圍，沒有實戰測試，無人可以保證在戰時的電子干擾下，解放軍的改裝無人機會不會全部被打亂訊號到無法接近台灣，若只能在海峽中線以西運作，那就更沒意義。

再者，無人機的重點是匹配，酬載、速度、油料，想攜帶越多炸藥就會增加重量，速度就會降低、油料就得更多。一次性的攻擊問題就在這，要讓破壞力比擬飛彈，那麼速度就會很慢，油料攜帶太多則會增加自身危險。若想要讓改裝無人機有點戰力，例如掛上空對空飛彈，這本身就是很奇怪的事情，解放軍自己空軍的先進空對空飛彈都不夠用了，哪來夠多的裝在無人機上去當靶機。

簡單的結論就是，**成本怎麼算，都不如去新造一枚飛彈算了**。改造不僅花錢還得花時間，同時增加大批遙控與無人機操控兵力。若大家知道國軍為了要增購無人機，對怎樣配置兵力與專業維護人員多傷腦筋，就不會覺得解放軍想做會是輕輕鬆鬆。

第二個衍生的版本，就是不使用無人機，而是人海戰術的空軍版。先出動舊型的戰機，一次數百台衝來台灣，用大數量壓制台灣空軍，消耗台灣的飛彈跟飛機數量，就算二比一、三比一、四比一……都很划算。等到消耗得差不多，再派精銳機隊就可以輕鬆奪取制空權，之後想怎樣都可以。

如果先進精銳戰機可以那麼輕鬆拿到制空權，何必派出數百到上千的舊款消耗？別忘了這些飛行員會死的，在台海上空跳傘，落海後可以期待救援嗎？萬一落到台灣土地上，難道可以直接變成第五縱隊嗎（第五縱隊指的是潛伏在內部的敵方滲透人員）？先被警察抓起來吧。

我們就不管這種死飛行員沒差的理論，就當解放軍不怕死，都主動擔負願意替同胞犧牲好了。這種戰術有沒有可行性？答案是，一樣沒有。

思考作戰空域

有一個概念叫作「作戰空域」，九〇年代的資料，筆者聽說是最大四百台，到了阿扁執政時代後期，聽說數量降到兩百多台，小英上台後據說下降到一百台。戰機性能越提升，固定作戰空域裡可容納的戰機數量就越少，當然實際詳細的數目要請問空軍弟兄才知道，性能提升後的現代化戰機需要多少空間。

總之，**飛行速度跟機動性，還有進行飛彈射擊時需要的高度與角度，很難做到幾百台舊款戰機衝來台灣這種事**。太近的話遇襲閃避時會衝撞，機隊亂成一團就先撞掉幾台，地面管制人員會瘋掉。另外，使用的飛彈還得匹配，若舊型性能不佳或是搭載短腿飛彈，說真的沒啥用處。

在此，筆者得另外解釋一下，有另一種比較少見的謠言，大意是說解放軍可以抵達台灣防空飛彈射程範圍之外，把自己的飛彈丟出去後就回去整補。因為解放軍有數千架戰機，因此飛彈就是成千上百向台灣而來，台灣空軍將會看到數百枚飛彈朝向自己，超恐怖的。

呃……先來假設解放軍有一款最大射程一百公里的飛彈，爬到高空順著發射可以達一百三十公里，所以可以在福建上空就鎖定台灣戰機，射後不理回去整補下一波攻擊。假設飛彈速度達到五馬赫（五倍音速），那麼要擊中一百公里外的戰機需要多久？假設這款戰機不會動，答案是五十八秒。有沒發現問題在哪？要甩開這枚飛彈的方法，在遠距離是要多少有多少。

意即，想要讓敵機反應時間縮短，就得要縮短距離，也代表你也進入對方射程。所以，聽過延伸得比較誇張的謠言，就是這些解放軍舊款戰機都有隱形能力……確定沒在開玩笑嗎？沒開玩笑，意思大概是，把舊款戰機的外層塗料換成隱形用，就可以縮短被偵測的距離。好吧，這種開外掛解釋的方式，正常人實在做不到，直接說殲7比F22強就好，那幹嘛只打台灣，都可以統一地球了。

此外，在台海空域作戰還有一大問題，那就是地對空防禦系統的限制，所以台海上空很可能會沒有太多戰機在上空飛。因為飛在空中的總是比地面的容易偵測到，把解放軍的紅旗跟國軍的天弓等防空飛彈拿去畫防禦範圍圈圈，別說是台灣的戰機接近中國沿岸很危險，解放軍的戰機想要進入台灣空域都很困難。

理論上你要幾百架飛機同時出動來癱瘓防禦系統，不是說完全不可能，但作戰空域限制很多。限制在於速度與空間，簡單說就是速度快的需要空間大，速度慢的則比較小，而速度越快的越能閃避攻擊，越慢的在現代防空系統下幾乎只有等死。所以飛幾百台很慢的飛機是要來被射火雞的嗎？

為何台灣總是會設想先被彈道飛彈攻擊，導致地面防空系統受損，大家應該可以明白其中道理，畢竟這是當前我們真的沒辦法完全主動防衛的攻勢。

最後，這種單純設想東亞只有台、中兩國的對抗劇本，幾乎只出現在台灣這邊，屬於料敵從寬到外星人侵略地球的程度。就我們所知，中國只有幻想小說會這樣寫，大體上筆者個人所了解到的中國軍推，或是認真點的軍事劇本，解放軍從沒有把台海戰爭的對象只設定單獨台灣一個，對台作戰時間還可以拉長到好幾年之久。

要打仗會死人，死的還會是自己，人家看待生命的態度，都比台灣的解放軍粉認真多了。

千台無人機癱瘓防禦論的謠言殺傷力

謠言破壞力	謠言傳播率	實際威脅度	最低成本解決方案
高	超高	很低	加強低層防空火力與陸軍野戰防空

三、空降部隊奇襲斬首論

空降部隊奇襲斬首論的謠言在數十年前就有了，其核心觀念是中國人民解放軍可以透過大量運輸機，空降數千名菁英部隊，殺個國軍措手不及；或是透過難以發現的低空直升機潛入，在不被發現的情況下，深入台北進行斬首任務。雖然近年由於資訊發達，退伍的空特弟兄已經多到把這謠言戳到爛掉，但這類謠言還是會不時出現。

基本上，這種謠言全都是幻想，成功機率無限趨近於零。

但還是要在此解釋這個謠言，因為此種謠言直到今天依然有人深信不已。依照慣例，這類謠言其中有部分的真實性，像是解放軍有足夠多的運輸機，也有很多的傘兵，現在更有兩棲登陸艦與直升機，難道都不構成國軍的威脅嗎？

當然有，但絕對不是這種輕易拼湊的謠言。空降奇襲論在民眾間仍有一定市場，這需要加以破除，同時建立起正確的認知。

首先，為何如此篤定地說空降奇襲是幻想？

因為，光講空降跟奇襲斬首，也得要區分好幾種類型，每一種都是完全不同的作戰方式，**混淆在一起就是謠言的本質——語焉不詳**。

依照多年來的空降奇襲論謠言內容，大致上可以分成三種：

1、上百架大小運輸機飛至大台北地區，將數千傘兵空降下去，精銳的空降部隊將會分散我國軍的防守能量，然後多點進攻包圍，短時間內攻陷台北。

2、直升機隱祕行動，低空跨越台灣海峽，猝不及防奇襲重要機關，特種部隊躍出大開殺戒，台北政經中樞要員被斬首，台灣陷入大混亂。

3、裝滿特種部隊的民航機，悄然降落松山機場，精銳解放軍魚貫而出，從內部瓦解台北政軍中心。

讓我們逐一分析說明。

大都市裡沒什麼地方讓傘兵安全降落

目前解放軍空降部隊有九個旅的編制，以一個旅七千人左右來看，如果全數投入，也僅有六萬三千人；而其中一個旅是支援旅，非一線戰鬥人員；一個旅是運輸航空兵，也可扣除；實際常備總人數就四萬九千人。

若以目前中國的「運－20」為基礎，每架運－20可攜帶一百一十名傘兵，則需要二百三十四架（次）才能完全搭載所有的傘兵，尚不含支援裝備（解放軍現有運－8共三十一機、運－20共四十八機，尚有大段落差）。

在台北的重要目標區內無合適大規模傘降場，即便成功傘降，也要面臨數倍的我方防守兵力。

雖中國近年已具備重裝空降能力，但其在歷次的演習中，人員與重裝備武器（彈藥），仍是以分別空降的方式進行，尚未具「人－裝一體」同降能力。由此觀之，必定會增加收攏集結時間，無法即降即戰，整體空降戰力相對脆弱。

使用大量運輸機把空降部隊撒在大台北地區，十年前或許還有機會，現狀就是完全不可能了。我們要先理解，中國要發動數十架的大型運輸機，集結數千部隊進行空降任務，在和平時期就不可能不被發覺了，更不要提兩岸若處在緊張狀態，甚至瀕臨戰爭下，想要讓速度遲緩的運輸機，好整以暇開個幾小時，都能夠安全抵達台北上空，根本是不可能的任務。所以通常這種謠言會有前置作業，用之前提過的導彈無敵論跟無人機海淹台灣，讓國軍的防空能量幾近消失，不然光是要說服一般人，國軍全部都傻著幾小時，眼看運輸機空投傘兵，實在說不過去。

所以為何彈道飛彈無敵論這種謠言，必須列作第一個破除的對象，因為幾乎所有的謠言核心都要依此發起。

好了，回過頭來說，我們就當作解放軍的護航機英勇莫名，國軍的防守七零八落，讓超過八成的運輸機都能開到大台北上空好了，請問要把傘兵往哪裡丟？

我們先大致說明傘兵配置的概念。一個連級的傘兵要傘降（約一百人），需要大概2×3平方公里的區域（二十年前的資料），現在就算技術改善，也不可能少太多。只要依然使用傳統的圓傘，能夠控制的範圍就是這麼大。我們就繼續給予優待，當作解放軍傘兵每一個都菁英，可以精準控制大家的跳傘區域，一個空降連能夠集中在1×1平方公里的區域內，所以假設有五千傘兵，那麼需要多大的安全區？

我們可以用簡單的表格做換算，下表假設解放軍五千人，一個梯次全部空降完，或是多梯次空降，所需要的區域（就當作解放軍有兩倍能力，一次可以放兩百人都落在一平方公里的範圍內）。

把地圖拿出來比對，就知道這到底是多大的概念。圖中大圈是二十五平方公里，小圈是五平方公里的大小。

各位，這問題可大了啊！面積從中正區跨到信義區去，現

空降梯數	1	2	3	4	5
面積(平方公里)	25	13	9	7	5

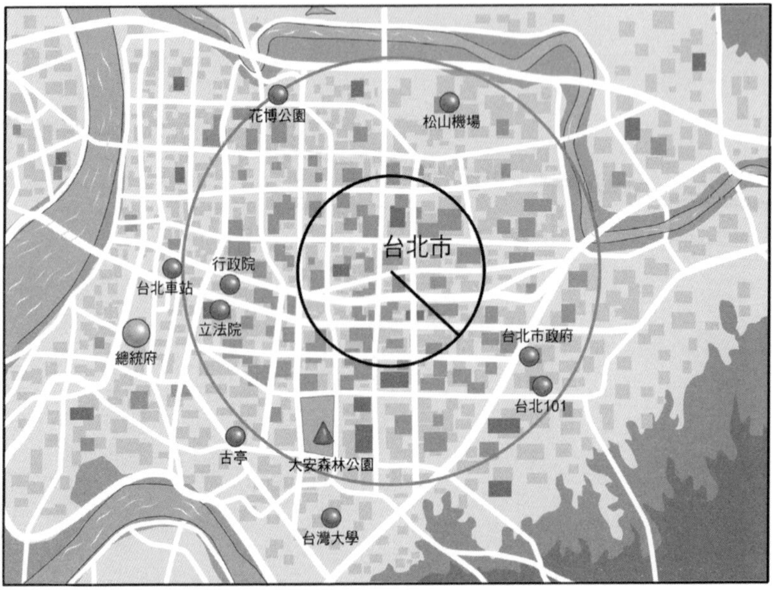

在是要上哪找這麼大的範圍傘降啊！請不要聽某些人瞎扯說，只要有1×1平方公里就可以依序傘降。五千人每次放一梯得要分二十五梯次，而且運輸機都得要在同樣的位置讓傘兵跳傘，第一台開始空降時，第二台後面就要算好時間，等下面的人都降落後，再放第二批，其他幾台就在空中繞圈圈。

我們就當解放軍傘兵都神兵，低空空降不怕摔，著地後收傘不需要時間，瞬間完成降落動作開始散開，下一批傘兵不會撞上還沒離開的第一批好了。為何怎樣想都不合理？就當解放軍可以從兩百公尺高跳傘好了（這已經超猛），從跳出飛機到降落需要六秒半，二十五梯次需要不到兩百秒，總共約三分鐘，感覺是不是好像行得通？

這前提是建立在：二十五架飛機要像是排隊一樣，距離一致、高度一樣，依序飛到這一小塊1×1平方公里的區域上空，還得要前後間距趨近於零。最好有運輸機這麼敢啦！

我們再退一步，當作解放軍運輸機飛行員無比老練，傘兵訓練到跟機器人一樣的程度。這還是說不通的，因為跳傘下去的傘兵得要立刻離開落地點，然後向外散開，不管是去集結點還是進攻，都不能留在原地。

所以假設有五千傘兵，一次可以跳一千人，需要的傘降區域至少要五平方公里（用上段的神猛標準），那可是要在大台北地區，找一個有空曠沒有障礙物，地面軟硬度適中的區域出來。簡單說，想要在大台北地區找到足夠讓數千傘兵可以跳傘的空間，周邊還要夠讓部隊散開，形成一個有效的防禦陣地，更能向著目標進攻，恐怕已經找不到地方了。

一般部隊跳傘不是神龍部隊，使用圓傘的傘兵跳傘，降落到水泥地大概就是骨折，最少是摔個全身挫傷，還能作戰就厲害了。若掉在電線杆上會掛著下不來，泥濘的農田會整個人插到土裡很難爬出來。不要忘了解放軍是進攻方，跳傘的部隊不會帶把步槍加兩個彈匣而已，負重的情況下這種「撞況」只會更嚴重。近年因網路發達，傘兵弟兄出來闢謠的次數變多，這種數千傘兵開戰即空投的神話，已經幾乎消失了。

但是，這種可以奇襲成功的想法，依然是在許多人腦海中揮之不去。

空降部隊奇襲斬首論的謠言殺傷力

謠言破壞力	謠言傳播率	實際威脅度	最低成本解決方案
中	低	幾乎零	加強陸軍快速反應部隊 鼓勵建商大量蓋房?!

四、直升機快速打擊部隊斬首論

隨著傘兵空降謠言的退場，緊接登場的是直升機神話。就我們的觀察，應該是「堅持台灣防禦跟紙糊的一樣，想來就來容易得很」的群體，努力去編織的新種類。但我們也得要跟大家說明，軍方當然有對這種狀況研究過，也去想過反制的方法，照例會示弱，畢竟打仗不能心存僥倖，總是要先認真面對一番。

結果這種審慎以對的態度，就常常被拿來當作謠言的母體。

直升機空降的問題一樣可以從解放軍的編制來討論。原有的「軍直特種大隊」改編為特戰旅，而且僅有一個旅的編制。目前中國的通用直升機「直－20」量產狀況為何尚不明朗，不過旅級直升機依編制為四十八架，而且直－20未有特別突出的匿蹤設計，大編隊慢速機進入台海空域存活率實在也不樂觀。

直升機搭載少數特種部隊，低空躲過台灣雷達偵蒐，悄悄地奇襲台北，可以跟另一個謠言長青樹——「氣墊船渡海峽」放在一起，在此就一併解釋，因為類型跟狀況都差不多。

首先，還是要再提一次，使用這種戰術的時機是什麼時候？和平時期突襲台灣，後面卻沒有動員部隊，也沒海空聯合打擊，純粹就這樣深入台北殺一波，是要賭台灣人怕死，見血就會想要投降嗎？三流小說可能會這樣寫，解放軍參謀可不會賭，萬一沒成功，台灣就保證法理獨立定了，後面無法收拾。

偷偷來幾乎不可能

若在臨戰時期，國軍都進入戒備狀態，解放軍是要怎樣偷偷潛入不被發現？不管是直升機還是大型氣墊船，都不是隱形戰機，想要透過低空躲雷達死角，在進入戰爭前夕的緊張狀態下，幾乎是不可能的。

不可能的原因還有距離的限制，軍用直升機的時速可達每小時三百公里，照道理不需要一小時就可以橫渡海峽。野牛氣墊船速度可到六十節，相當每小時一百公里，最多兩小時也可以橫越。這是許多謠言支持者的論述中心，解放軍特種部隊要熬過這段距離並不困難。

當然不困難，困難的是在台灣已經精神緊繃，全軍警戒大海的狀況下，解放軍要把希望放在沒有隱形能力，完全依靠飛行員技巧，以及台灣雷達站的死角，還要陸軍的機動雷達沒有出現在目標區內，低空飛個一小時不被發現，這難度超高的吧。野牛氣墊船就更不用說，體積如此龐大，根本不可能不被發現，想拿來當作突襲登陸用，殺個國軍措手不及根本是做夢。

另一個逃避不了的限制是人數。直升機滲透奇襲，一台是可以搭載幾個人？多算一點載十個好了，十個人是可以幹嘛？會有人說，來個五十台不就有五百人了嗎？先不提五百人到底是可以在數萬守軍的台北地區內做什麼，五十台直升機想要不被發現，實在不可能。一台偷偷潛入還有道理，一大群都看不到才奇怪。

不管直升機還是野牛氣墊船，特點都是很容易被擊毀，單一台還可以說閃來閃去躲砲彈，一大群就必定會死傷慘重，絕不可能在砲火下毫髮無傷，大刺刺在台灣登陸。無論是火箭筒、砲兵還是戰車砲，以及陸軍獲得的刺針飛彈，幾乎都可說是打到即摧毀，拿高價的直升機跟氣墊船做自殺式的奇襲，腦子有洞的參謀才會這樣規畫。

再說，直升機是要在哪邊著陸？二二八公園嗎？台北地區可以給大量直升機著陸或是繩降的區域不多，一個不小心勾到電線，狀況會比電影《黑鷹計畫》還慘，尤其台北地區樓房越蓋越高，危險性也越大。真要擔心，不如擔心這些解放軍在各級學校的操場著陸，然後挾持小學生當作人質，威脅台灣不投降就宰光……這不是恐怖分子嗎？

直升機快速打擊部隊斬首論的謠言殺傷力

謠言破壞力	謠言傳播率	實際威脅度	最低成本解決方案
中	中	幾乎零	增強陸軍小型火砲以及機槍火力

那麼，這些武器的威脅到底在哪？

目前解放軍直升機對台灣最大的威脅，不是遠從海峽對岸飛過來，直升機速度再怎樣都沒飛機快，對於防空系統來說是很好對付的目標。所以最可能使用的方式，應該是使用新型的解放軍兩棲攻擊艦跟登陸艦，在中國取得一定程度的制海與制空權後，要強行登陸台灣時使用，但這數量也很有限，並不是拿來載運大量士兵的。

使用法不外乎利用直升機的高機動性，載運特種部隊到台灣守軍的後方夾擊，炸斷橋梁、道路阻止增援，或是快速衝進如台北港的港口，盡早壓制並奪取港口控制權，好利於後方的大部隊與重型武裝透過港口登陸。最多是在早期登陸戰中，協助奪取登陸點周邊的防禦陣地與制高點，幾乎可以肯定拿來當作突襲用是最愚蠢的方式。

野牛氣墊船的使用，類似於上段的狀況，是要在台灣失去制海制空權的狀況下，早點將坦克等重裝備送上岸用的。其次是當登陸部隊被攻擊無法行動，盡早送入數百名增援，而氣墊船上也有少數武裝可以進行攻擊。或者是，取得灘頭堡的情況下，用氣墊船迅速攻下鄰近海灘，而不是拿來當作開戰首發的渡海奇襲任務。

這些正規與合理的戰術，將在後面的章節仔細解釋。

五、民航機奪取機場論

近幾年出現的民航機神話，猜想其來源應是同一批人，因為不管是空降或機降，在台灣進入戰爭狀態下，想要當成隱祕突襲根本是唬爛，所以才會將謠言變形改成將民航機塞滿特種部隊，模仿以色列千里奔襲營救人質的劇本。

這種謠言一樣沒道理。假設進入戰爭狀態，先不提根本就不可能讓民航機從中國過來，就算能過來，依戰爭準備，松山機場是會有軍隊駐守的。仔細思考，進入接近戰爭的狀態，我們會讓這架由中國來的民航機直接進入機場嗎？退一步來說，我們就當作真的這麼「好」，讓塞滿兩百多名武裝士兵的民航機平安降落，軍隊會毫無戒備的放這些人用武力控制機場嗎？

再退一步來說，就當這些人可以成功控制好了，請問共軍的下一步是什麼？筆者看過最多的說法是，後面將會有更多民航機，迅速著陸送上數千大軍，台北就淪陷了。

真的無言以對。若松山機場發生這種事件，國軍接著會怎麼做，難道面帶微笑地繼續讓民航機降落嗎？當然是將後面來的都擊落，然後這支降落的部隊就變成孤軍，死守機場而被圍攻。若這些部隊不是攻陷機場，而是殺進台北政軍中心呢？請問這兩百名解放軍官兵想去哪？只要看著台北的地圖想想就能判斷可行性，會認為這招行得通的，大概任何人說什麼都會相信。

以民航機當武器犯了國際大忌

更不要說，使用民航機塞軍隊奇襲敵人，犯了當今國際間的大忌諱，一使用這種戰術，無異宣告這個國家跟伊斯蘭國沒兩樣，都是一群恐怖分子。那接著管你是民航機還是商船，都會被合理懷疑裡面塞了軍隊，只要是中國來的都擊落就好，對台灣來說這反而是降低心理壓力的好辦法。

這種突襲謠言之所以會成立，大致上都建立在兩個話術，拿大家平時看到的景象來混淆。先上前菜，說你看國軍大門衛哨不確實，機場放空門很好攻擊，總統府會被卡車撞，利用這些確切事實先降低受眾的戒心。接著就是主菜，告訴受眾解放軍有一款神兵利器，或是威武神猛的士兵，可以執行多恐怖的行動，但不告訴大家這些東西的數量、射程、後勤需求等種種條件，以及可以持續作戰的時間、範圍。

特種部隊看來很猛，但全都是輕裝部隊，是能帶多少彈藥？要用有限的彈藥進行強度極高的孤軍深入任務，壓力跟難度都非常高。也就是說，的確台灣平時這些機關都很「散仙」，也確實解放軍有一些武器很強，特種部隊也很厲害，但在根本兜不上的情境裡面，硬是配在一起，說這樣就行得通了，就是這類謠言的本質，也是建立在部分的事實但整體鬼扯上。

民航機奪取機場論的謠言殺傷力

謠言破壞力	謠言傳播率	實際威脅度	最低成本解決方案
低	中	幾乎零	進行戰時管制 機場增設小型火砲單位

六、萬船齊發攻台論

「萬船齊發」是萬年謠言之一，幾乎是不可能實行，但卻在一般人口耳相傳中，成為相當恐怖的可能。為何這種謠言可以觸動人們內心的恐懼呢？理由非常簡單，跟前幾篇謠言相同，建立在部分的事實與歷史上，但整體完全錯誤且不可行。

這謠言所依據的事實是什麼？中國的確擁有遠超過台灣的軍力，如果大軍湧上，台灣守軍再怎樣善戰，也會淹沒在數量的暴力之下，這一點都沒錯，但前提是大軍上得來。這就是之所以這種謠言會橫行的理由，因為只要中國百萬大軍真能登陸上岸，台灣確實無力抵抗；但也就因為「很難上來」，才會想要發展各種戰術跟奇技淫巧，試圖說服閱聽者，如潮水般眾多解放軍是可以成功登陸的。

其中被發展到最具有合理性之一的，就是萬船齊發。因為中國還真的有數千條漁船，全數載滿士兵，要達到十萬大軍之譜也不是不行。其他的載具，正規登陸艦艇可裝載的部隊沒那麼多，直升機、運輸機更少，想要灌輸台灣人對人海戰術的恐懼，只有徵召大量民船可行。

再配合一些歷史案例，強調中國有意願不計犧牲，採取萬船齊發強攻上岸，用數量淹沒國軍。所以結論就是不需要高科技武器，中國一樣可以靠人數淹死台灣，早點認命投降比較好。

這個謠言破綻百出，但因為從來沒有人認真解釋，加上台灣多數人不靠海生活，對大海所知不多，造成一般人很難了解，即使額外配置裝甲的改造武裝漁船，面對正規軍還是不堪一擊。

讓大軍登船很費事

要怎樣解構這個謠言，有兩個大方向可以解說：

第一，如何讓百萬大軍登船進發。

第二，怎樣登陸成功與後續進攻。

而在我們討論這兩個方向前，要先知道物理上不可迴避的問題，有以下幾個：

1、載重量：假設一艘中型漁船可以載重十噸，那麼就不可能載主戰坦克，只能輕裝車輛跟武裝士兵。

2、體積：漁船載重十噸，不能用一個武裝士兵一百公斤重，所以十噸可以載一百個人。更不能把士兵當漁獲，用箱子堆疊放到船艙內。想想搭乘日月潭遊艇，再怎樣能載更多人，也不可能要遊客疊羅漢。

3、材料強度：漁船是薄皮的，遇到機槍掃射或火箭射擊，乘員非死即傷，船隻破損沉沒。想要外掛更強的防護，就得要提升漁船的材料強度，而這也代表船隻重量跟改裝費，會等比級數攀升。更重要的是，即使中國有那個錢，也沒有那麼多時間改裝。還有，一旦漁船的防護提升，就等於載重量降低，實際運量就更少，就得需要更多船。

4、天候與海象：台灣海峽的風力跟海象並不友善，適合船隻航行的季節只有春夏，要在天候不佳時航行，也不是說不可以，只是同樣的船隻能載運的量就會變少，士兵渡海後的身體負擔就越重，甚至吐到連站都站不起來，遑論進攻。

5、時間：渡海一趟需要多少時間，就代表回程的船隻需要兩倍的時間「來回」送第二波士兵，此段時間的第一波上岸部隊，就得要支撐這麼久，才有下一批支援。

任何一個人想用中國有黑科技，可以搞定上面這些物理限制，來解說漁船攻台很簡單，就得提出到底是運用哪種科技，提供給大家了解敵情，欣賞一下這些黑科技。

所以，第一個大方向下，解放軍要面對的第一個問題就是，全軍上船需要多久時間？下面這張諧擬「世紀帝國」電玩的哏圖可以解釋超多問題。

不要以為上船很快，世紀帝國裡的士兵要上船，只要碰到船就上去了，現實中就得要花

時間一個一個人上去。下方右圖的小漁船，你還可以說跳一下就上去，另一張圖裡的中大型船就是要一個個上梯。

而且武裝士兵不是遊客，需要裝備跟糧食彈藥的補給，上船後還得把物資搬放在船艙靠底部的地方，不然浪大會翻船。而這注定你上船的時間不會短，並非每個武裝士兵都背包背好自己一人所需，每個人都跳一下上去就搞定。

就算每個人都用跳的上去，一個碼頭是可以停幾艘漁船？空間是固定的。我們假設平均一個漁港可以同時讓五十艘船靠岸，也假設每個士兵跳上去到就定位做好只需要五秒，這種大小的船可以載幾個人？橫渡台灣海峽，即便在海象良好時，也不可能塞滿滿，難民船才這

樣幹。這類漁船可以塞二十個人就很多了，這還包括塞滿物資的背包，以及要放旁邊的機槍跟火箭彈。

再退一步說，就假設訓練良好，解放軍可以忍耐擁擠，塞到三十個，物資都五秒全數放到定位，一艘船是一百五十秒、兩分半鐘。同時五十艘船都假設零時差全部搞定，一波是一千五百個士兵。漁船開出去，然後讓第二艘船停靠，這至少是一分鐘，不然會有碰船的危機。好啦好啦，料敵從寬，假設全部訓練有素，半分鐘就可以交替，十波就是（2.5 + 0.5）× 10 = 30 分鐘，有一萬五千名士兵可以裝載上船。

看來只要勤加訓練，也不是做不到吧？一點也不！要做到如此，得確定這個漁港外面的陸地上可以有一萬五千名士兵駐留的空間，不然怎麼做到開戰前預先集合士兵並且這樣魚貫上船的狀況？就算都搭帳篷，也得要生出夠大的空間，而且不是只有睡覺，吃飯、上廁所、休息空間都要有，人類不是圈養的動物，更別說給要打仗的士兵比動物不如的條件，還沒打就要翻桌了。

軍隊登船前需要有集結的空間

就假設浙江到福建沿海，這種港口有五十個好了，瞬間就有七十五萬大軍可以上船了欸，好像很恐怖是嗎？並沒有，打開Google Earth去看這兩個省分的沿岸，幾乎都是很難駐留大軍的地形，而且多數漁港附近都沒有鐵路，只有公路，運輸到全體就定位，幾乎是不可能的任務。意思是想要依靠大軍集結在港口附近，做好作戰準備，根本就沒那個空間。

就再退一萬步，當解放軍可以克服運輸困難，士兵也不需要駐留，可以控制運輸時間到完美，從一千公里外的駐留地，直接搭運輸工具到港口，跳下車直接跑上船，無縫接軌到極致好了（當作是工廠送沙丁魚做罐頭的流程，就不是不可能）。

看到這邊還沒發現，光是怎樣載運百萬大軍上船，就有絕大困難的人，大概只能找「中國一定可以」當作信仰，堅持可行了。把人當沙丁魚運送，不考慮吃喝拉撒，每個人都訓練到跟機器人一樣完美。不要鬧了。

簡單說就是，即便真有百萬大軍，以及夠這麼多部隊搭乘的船隻，解放軍也找不到足夠空間駐紮。

小漁船無法載送重型武器

第二個問題，就算很多艘船的總載重量跟體積相同，但裝載的內容物不會一樣。小漁船只能載人，中型漁船放台輕甲車就很吃力，大型的也不能載坦克。並不是很多艘船的總載重量就可加起來放重型武器，那麼完全輕裝的士兵，要怎樣面對台灣有裝甲跟空騎部隊的反撲？

這些運載限制必定造成解放軍攻擊目標的限縮，依當前可以運送重型裝備的港口，照條件來說，只有基隆、台北、蘇澳、台中、安平、高雄港幾個。漁港沒辦法讓坦克下船，商業港口勉勉強強，工業港太過特殊，設備不適合也沒辦法下重裝備。所以說來說去，合理的目標北部就台北、基隆港，中部就台中港，頂多麥寮勉強可以，南部是台南安平與高雄港這幾個目標。為何一定得打下港口？因為解放軍要靠萬船齊發戰術勝利，就只能先利用大量輕裝士兵，淹沒國軍初期較薄弱的守備，搶奪港口後讓重型裝備下船這條路。

只運送輕裝士兵想打下台灣，百萬大軍一樣做不到，只有輕型武器的解放軍，要被有重型裝備的國軍解決，一點都不難。更何況第一波上岸的大軍，依照中國可以徵調的漁船數量反推，有個十萬人就很多了，就算加倍成二十萬，也不是一次全上，必須分批登陸，這被重火砲各個擊破是輕而易舉的。

而另一個載重的限制，會讓這數十萬大軍的數量減半。理由也不難懂，台灣海峽的海象太糟糕，風平浪靜都可以把一堆人搖下船了，你怎麼可能用最大數量去計算。即便當作完全沒問題，你也得去考慮全部都是步槍兵，真的打得下有坦克大砲的台灣？

民用船隻防禦力弱

第三個問題，增加防護力讓船隻生存率提高，讓登陸士兵變多，到底可不可能？這實在是不可能，因為單純的增加防彈鋼板，就是漁船變重、速度變慢，可以裝載量就變少。全部採用克維拉防彈纖維去鋪裝？錢太多了嗎，單純算就知道不可能。

假設一平方公尺的克維拉防彈纖維只要一千元，要達到防彈效果要很多層，就算十層好了，一平方公尺就要一萬元。一艘小漁船要包覆的面積，就當只包覆水面上就好，然後假設每一艘船只要五十平方公尺，就是五十萬元。一艘船三十人，要達到一萬艘可以載三十萬人，所以萬船齊發的一萬艘船要五十億元。五十億元，好像可行欸。

單純十層克維拉可以防怎樣的彈，略查就知道，如果要抗步槍彈、重機槍彈，以及火箭類的攻擊，沒有鋼板跟陶瓷是不行的。這代表，你要提高更高的防護力，這個五十億元只是最基本款，後面想要在不增加重量的希望下，裝置更貴的輕量防彈陶瓷片，就是等比級數上升。

再說，全中國沿岸港口都在改裝漁船成這副怪模怪樣，還沒人發現也太奇怪了。

就當作解放軍認真的想解決這個問題，就會卡到載重量，防護力越強的吃水越深，能載的士兵就變少，稍作計算就會發現效果不好。假設一次一百艘漁船搶灘，不加強防護的狀況下會有三十艘被擊沉，七十艘每艘二十人登陸，共一千四百人。改成加強防護力的，只有十艘被擊沉，但九十艘船每艘只能載十五人，共一千三百五十人。有差到哪？

這意思就是，中國真的想要不計犧牲的採取萬船齊發策略，根本就不該裝上任何防護，用速度跟最大軍隊數量去飽和台灣的反擊火力才對。

過黑水溝難上加難

第四個問題，大自然的因素，台灣人多半沒搭船出海過，看到的影片都是風平浪靜，這也難怪會有人覺得，渡海登陸並不困難。各位可以問問身邊曾去金門馬祖當兵的人，光是搭運輸艦去金門當兵，在春夏沒有風浪的情況下，都可以搖到整船三成的人暈船嘔吐，有風浪或是更小的船隻，實在不難想像。

依照台灣海峽的標準數據，平均風力三至五級，季風來臨可以到七級。浪高在一般情況一公尺，季風等狀況可達二至四公尺。

光講很難體會海浪的級數，請參考以下影片：

蒲式風浪對照圖 https://www.youtube.com/watch?v=ROnNJDuO3q8

蒲式風浪模擬圖 https://www.youtube.com/watch?v=Se3wQbWwfv0

蒲式4—5級風 https://www.youtube.com/watch?v=RYDICYLC3mc

蒲式7級風 https://www.youtube.com/watch?v=8-m_AKncvCs

這還只是風，要找到確定浪高，還要區分浪的種類的影片很難，台灣周邊的影片多半沒有標記風級，但可以從這些影片想像一下會遇到的風浪狀況。

台灣海峽的海象最好也就是三級多，而且得要在這種狀況下搭船數小時。此外，越小的船越會受到風浪顛簸，各位看《漁人的搏鬥》這個節目，風浪雖大仍在工作，船隻是多大台？是下頁圖這種等級。

萬船齊發的謠言核心，指的是十人小漁船也算在內，可不是這種遠洋漁船的大小。

然後，更加不得不考慮的是，百萬大軍齊下船的難度。

簡單說，船隻越小，越能開到離海灘較近處，士兵跳下船後，涉水上岸的距離就越短。背有武裝的士兵在水中移動的速度是很慢的，非常容易成為槍靶子，而上岸後溼透的衣服，會進一步增加負擔。越大的船吃水也越深，太靠近就觸底不能動了，而大船甲板距離海面也較高，在這種水深數公尺，身上又背著幾十公斤重的裝備，往海裡跳很容易淹死，游泳上岸的距離很長，海岸不是游泳池，遇到漲退潮的狀況，困難度陡增。想體驗期間難度的可以去安全的海水浴場，趁漲退潮不同時期游個一次就知道。

要一整船士兵，一路搖個幾小時，然後跳下船後涉水數十公尺，在槍林彈雨中衝上岸？要是覺得這行得通的，大概是沒有坐過船，也沒想過整船人都吐，那是什

麼感覺。

沙岸容易擱淺

第二個大方向，登陸怎麼做？這首先遇到的就是士兵要怎樣下船的問題，萬船齊發指的就是利用數量，在各地可行的登陸點衝上去。說的是很簡單，但這必須考慮到岸邊的深度。涉及水文資料，我們僅拿可以登陸的沙岸，用一條斜直線來解說好了。

用簡單的三角函數就可以算出，假設沙灘延伸到海底很平緩，只有10度角，那麼水深一公尺代表距離陸地五．六公尺。意思是，假設有一艘船，它要開到靠岸五．六公尺而不觸底，吃水必須少於一公尺。

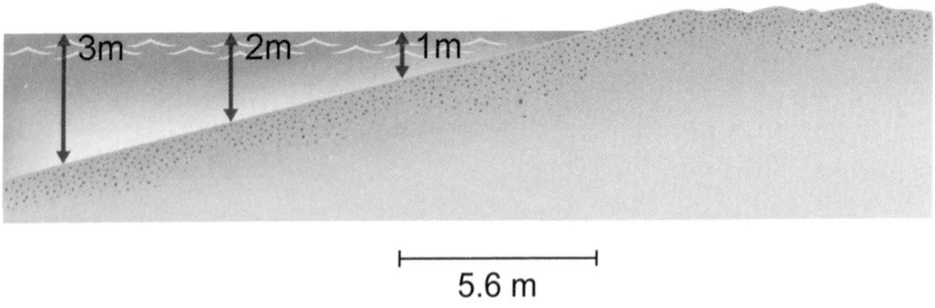

簡單抓個範圍，就盡量用最友善的標準，一艘五噸可以塞十個武裝士兵的漁船，讓它能夠開到水深一公尺的地方，還是得要涉水五公尺以上，上岸後兩腳溼透，腰部以下沾滿沙礫。若是十噸漁船載了二十個武裝士兵，最多可以開到水深二公尺處，這代表士兵要跳進淹過頭的水面，游水再涉水十公尺以上。

有人也許會疑惑，怎麼士兵數量跟之前的假設相比變少了？因為載人了啊，不載人的空船當然可以開得比較近，吃水淺嘛。載滿士兵跟裝備的當然會比較沉，取個平衡大概就這個數字。而且這還是很優待的數字，因為漁船是尖底船，不是登陸艇那種平底船，平底船是可以開到岸上再開回去的，漁船可做不到那麼靠近海灘。

此外，雖然沙灘坡度都不盡相同，有的是前面緩後面斜，有的是一開始就很斜。但一般來說最和緩的台灣西海岸可登陸灘頭，大概是三至五度，也就是假設解放軍士兵不希望太多人淹死，要開到水深一公尺處放人，涉水距離會變成十一．五至十九公尺。涉水移動很慢，幾乎不可能開槍還擊，被擊中機率還會大增。

為何不開更近一點，士兵下船更安全順利？先不提船隻會被擊毀的可能，開近一點船都觸底擱淺了，是要怎樣開回去載第二舟波解放軍來淹沒台灣？所以上述假設都建立在，漁船可以在放人後繞一圈開回去的極限上。實際上筆者已經把數字給得很寬了，算給解放軍極大的優待。

再退一步說，若是讓解放軍的船抱著必死決心靠岸，那麼擱淺的船會怎樣？會變成大型船障，後面的船進不來，那是要怎樣登陸？而且擱淺一艘就是少一艘回去載第二波，後面援軍越少，就越不可能淹死台灣軍隊。

除非，真的相信下圖這招行得通，那我們無話可說，只能當作是赤壁之戰現代版龐統，連環計登陸術。

可搶灘登陸點少，守軍砲火密集

第二個大方向的第二個問題，是每次舟波的損失量，解放軍吃得起這種損耗嗎？我們就當這一切都可行，單純計算每次萬船攻勢，將會幾波

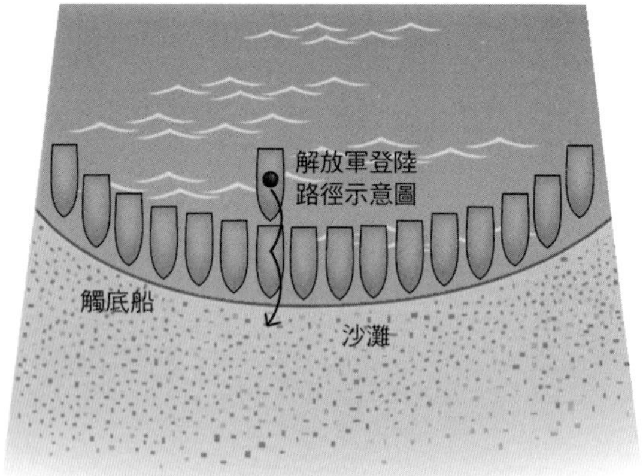

耗盡其能量。一般的看法，在解放軍具有海空優勢，搶下高雄港可以運兵後，登陸艦艇會有兩成的損耗。

而這放到漁船上絕對比較多，薄皮漁船別說是火砲，被重機槍掃射都會沉。若裝滿裝甲的漁船，基本上也不能當登陸艦了，吃水深得要命，士兵大概距離岸邊五十公尺就得游上岸。換句話說，抓四成的損失率比較合理一點，這還算是計算上料敵從寬的例子，就當國軍打得都很不準，每一艘船都可以放下士兵，然後掉頭開走，被擊毀的船剛好都被沖到大海，不會造成阻礙（看看這到底多優待了）。

那麼單純的等比級數計算，每次損失四成，可得到下表：

總登陸人數可達294,980，將近三十萬大軍欸，好恐怖喔。等等，剛剛講過，開船來回需要時間，意思是第一波十二萬人，將要撐大約八小時，才能等到第二波七．二萬人。八小時內都無人戰死嗎？當然不可能，所以還要計算損失率。依照搶灘的難度，以及擴張控制區，不然無法送上更多人的角度去看，第一波十二

波數	第1波	第2波	第3波	第4波	第5波	第6波	第7波	第8波
船數	10,000	6,000	3,600	2,160	1,296	778	467	280
人數	200,000	120,000	72,000	43,200	25,920	15,560	9,340	5,600
登陸數	120,000	72,000	43,200	25,920	15,560	9,340	5,600	3,360

萬人必須發揮極大的戰力，若無法攻出登陸點，就是海灘擠沙丁魚，砲兵一發下去就是ＢＢＱ。

有人會說，十二萬人很多欸，這超恐怖的不是嗎？剛剛才講過，時間。不是只有第二波的問題，而是你第一波八小時內衝上岸的士兵，總數就只有那麼多。

我們就假設神奇連環漁船登陸法有效好了，第一波可以上岸的只有六成，也就是實際十二萬人。但這些人是依序下船，依照台灣目前可以登陸的沙灘，寬度不過數百公尺，就當有一公里的寬度好了，一艘漁船算平均五公尺寬，所以船擠船同時二百艘，每五秒跳一個人下來。為何不是一次放下二十個士兵？登陸艇有設計艙門可以讓士兵快速衝出，漁船只能從舷側跳下，更何況我們這邊採用連環計登陸法，只有船頭可以跳下去。

就算我們當每艘漁船每五秒衝出二個士兵好了，接著衝過一百公尺以上的火網，開始摧毀國軍的灘頭陣地，全部武裝的士兵至少要跑二十秒，並假設每個解放軍都不怕死，沒人匍匐前進，全部用百米衝刺的最大速度攻擊。

依照過去歷史的經驗，這種打法大概衝到機槍陣地前就死八成了，也就是第一波的第一個四百人（兩百艘船 × 一次跳出兩人），會剩下八十人可以達陣。而且這八十人是平均散開一公里的正面。假設有十個機槍陣地，那麼每個陣地只會分到八個，而且這八個人彼此距離十二公尺，分散在一百公尺的距離上。依靠八個人，想攻克一至兩班以上的陣地兵力，扣掉機槍兵等大概還有十個國軍在沙包跟掩體等著，理論上機槍陣地後面也都會有交叉火網。

這點人數要衝破防禦火網，機率非常低，得等後面不斷上岸，又不畏死傷的解放軍增援部隊，前仆後繼的衝向前，累積到足夠的人數，才能對國軍的陣地發起進攻。理論上是人越多越好，但要越多人就得要等越久，而國軍知道此處是解放軍的主要登陸地點，當然會從四面八方調集更多兵力，構築更堅固的防線，拖越久對解放軍就越不利。

我們就再退好幾步來說，當作解放軍人數足夠後，就能馬上攻下好了，國軍又不是只有沙灘陣地，現在後方都一堆鋼筋水泥房屋，或是有山丘可以構築第二層防禦。大家想像一下所謂的第一波十二萬大軍，光是第一艘船要下光就得要花一分鐘，因為可登陸海岸寬度一公里每批只有兩百艘船可靠岸，六千艘得分成三十批，每一批都得要順順地接上擱淺的漁船，然後跳跳跳的跳下船……

這種第幾舟波論的真的還能相信嗎？真的要玩這種萬船齊發，得要製造流水線作業，第一波二百艘船損失八十艘，一百二十艘開四小時回去接人出動第二波，然後這個第一舟波第一批攻勢回程的，看到的場景是什麼？

海灘上除了有擠得水泄不通的數萬解放軍，每個士兵都踩著比人還高的屍體，泡在屍塊與血水中……這根本喪屍吧。

光第一批攻勢就超過兩千具屍體躺在沙灘上，後面的人上來還要面對遠程砲火攻擊，光算一算數量就知道，只要超過五千具，就是整個沙灘都堆滿死屍。後面的解放軍是真的要踏著同伴的屍體進軍，還得穿釘鞋避免打滑，而且沒人對這種景象感到一絲恐懼。

這樣可以理解為什麼萬船齊發一次跳下十萬大軍是多麼不合理的謠言，只是建立在沒有基本的搶灘作戰知識的空中樓閣，實際上是毫無可行性的。

萬船同時齊發太難控制

以上所談的都不包含種種變因，像是從浙江到福建各地沿岸登船港口，到台灣的距離都不一樣，要怎樣控制大家上船時間，然後確保開船到台灣登陸點的時間要一致？

台灣海峽最短處一百三十公里，約七十浬，以此當作標準，漁船的速度在一般情況是大概是二十至四十公里／小時，約一〇．七至二十一浬，意即不考慮載重，當作平均值來說，直線衝過來最少三個半小時。也就是從福建平潭直衝要三．五小時是最底限，從浙江比較遠的至少八小時（這還沒算進去海流速度與風速的影響）。

光是控制海洋上船速不一的漁船，保持相同速度進軍，難度就超級高了，還討論載滿人送上岸。我們已經夠寬待解放軍了，再寬下去就乾脆當世紀帝國玩好了。

所以，歷年聽到的萬船齊發，都得要配合極佳的條件，例如解放軍第一波飛彈攻勢摧毀大量台灣空防，緊接著海空軍密接掩護奪下制空制海權。

接著要「同時」，同時讓預先上船的解放軍大船團，正好在台灣陸軍抵達不了前線，後備一個都召集不了的狀況下，衝上海灘送上一波波源源不絕的士兵。這個過程遇到極小的抵抗，或是假定台灣軍隊已經震撼到麻痺哭著回家找媽媽，不然只要岸邊上有任何組織性的抵抗，這種假想都會遇到堆滿屍體的困境。

所以，最堅持可以萬船齊發，或是解釋中國軍隊如何可以登陸成功，並消滅台灣軍隊，得到徹底控制權的人，都會去找尋其他超高科技的奇怪解釋，而且每一個解釋都無法被驗證。

例如，高喊現代登陸戰跟過去不同，解放軍怎麼會犯同樣的錯誤，絕對不知道對方會用何種高明的方法，所以料敵從寬的前提就是先假設台灣必敗，還不准反駁必敗論，不然就是意識形態作祟。

這哪是討論，是傳教。狂信徒是沒有道理可言的。

萬船齊發攻台論的謠言殺傷力

謠言破壞力	謠言傳播率	實際威脅度	最低成本解決方案
高	高	無限趨近零	加強陸軍小型火砲多擺點消波塊?!

七、航空母艦夾擊論（台灣東部淪陷論）

「航空母艦夾擊論」的謠言其實是舊酒裝新瓶，並不是嶄新的東西。因為近年有興起的趨勢，再加上某些ＸＸ智庫拿來獻寶，在此覺得有必要加以澄清。中國航母艦隊會夾擊台灣東岸，威懾其他國家介入，這個謠言從一九九〇年代就有了，只不過經歷了多番變種，我們先提一下最早聽到的原貌。

為何一九九〇年代在中國尚未有航母就有航空母艦謠言這件事，其實也不難懂，就是一種多面向綜合體的宣傳。那個時候台灣不少人基於預防的心態，以及猜想如何攻破台灣東部佳山基地的探討，最終演化成中國取得航空母艦。這要先解釋一下，這不是空想，而是當年基於幾個常見的說法綜整而成。

一個說法是ＧＤＰ一億美元可以撐起一個航空母艦群，中國經濟開放後逐漸成長，要養兩個也不是問題。另一個是，蘇聯解體後大量技術人員流出，加上需錢孔急下會賣船艦，中國拿到航空母艦是遲早的事情。

這個謠言的本體跟現在應該關聯不大，只是單純吹捧航空母艦。當年討論中國取得航空母艦，最主要針對的是佳山基地，論點不外乎是，透過東面來向的攻擊，使得台灣的佳山基地戰略意義無效化。

當年很多中國網友，都在網路上與台灣網友交手，想盡辦法要破解佳山的地理優勢，於是組合出這種航空母艦論。但這一點都不盛行，畢竟還沒有到手的東西，討論太過虛無飄渺。我們在此就只講當時的結論，這種論點的最終結論，是把中國可以取得幾近美國尼米茲等級的航空母艦來推演的，因為要「料敵從寬」，但結論依然是行不通。

怎麼會行不通？

謠言的根本，都是之前不斷提過的，錯置時空背景，根據部分情境可行的腳本，套到完全不同的狀況下，再硬說可以辦得到。而且往往建立在許多國家個別的國內特殊政治情勢才成立，這結果就跟「丟一顆飛彈，台灣人就要投降」、「死一個軍人，美國就會撤退」差不多的等級。

航空母艦艦載機彈射時間與作戰半徑

我們要先來講一個基礎，就是航空母艦上的飛機，不是「一次全部起飛」，起飛是有間隔的。美軍基本上可以當作三十秒彈射一架出去，會相信中國的遼寧號、山東號與美國尼米茲級同等的人，大概就是會被謠言騙的那種。好吧，我們在此還是老樣子料敵從寬，退很多步來討論，就當作是相同等級的程度好了，那麼要把所有的飛機都彈射上天，需要多久時間？

依照維基公開資料，遼寧號有二十四架J－15，山東號有三十二架J－15，所以理論上32×0.5分鐘＝16分鐘，就能全部升空。也就是第一架升空的，等到全部戰機升空就得等十六分鐘，也就少掉十六分鐘的滯空時間，浪費掉的燃料會使作戰半徑從一二七〇公里變小一點。就一切用公開數據當標準好了，最大航程跟速度對比，我們會發現作戰時間大概是一小時內，畢竟不能當全程開後燃器超音速飛行，然後抵達目標區全體減速，飛彈丟了就跑，這不現實（燃料消耗率這些都先不考慮）。

一小時的作戰時間，因為升空需求少了十六分鐘，就是喪失二五％。這一切都建立在中國提供的官方數據、他們在維基百科打的資料都正確的前提上。回程降落、加滿油的整備最快也是十分鐘左右，航空母艦不是地面基地，你不能假設同時可以做到持續接受回航飛機，又加油掛彈作業，彼此時間無縫接軌毫不衝突。

換句話說，聽來將近六十台先進J—15戰機是一大威脅，在知道需要計算實際作戰效能的人眼中，這六十台是否能一同進發，發揮作戰實力都要打上問號。更不要說，解放軍航空母艦若處在台灣東面海域，就沒有地面導引的協助，勢必要依靠預警機之類的幫忙，不然純靠飛機雷達，想要發揮百分百能力，實在不無疑問。

若我們把地圖打開，將J—15的作戰半徑畫出來，要猜出解放軍的作戰位置真的不難，如下圖。

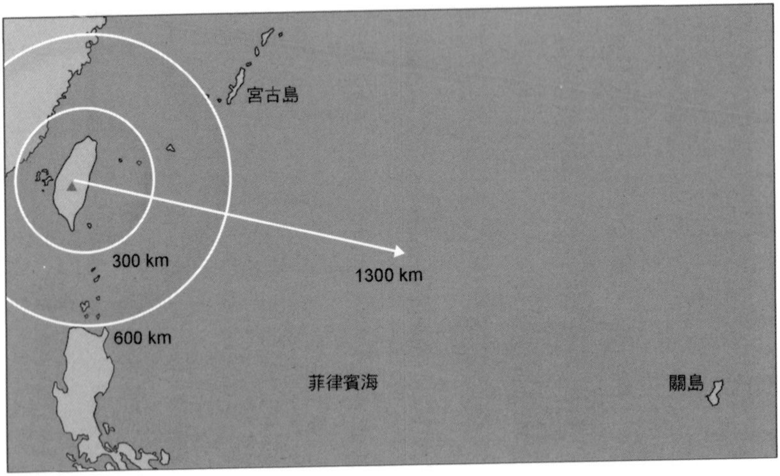

沖繩跟關島是美軍基地就不說了，台灣的反艦飛彈確定的射程可以到三百公里，傳說中可以增程到六百公里，然後一千三百公里的最大作戰距離已經畫出來。也就是說，航空母艦不能進入到陸基反艦飛彈的射程內，作戰風險實在太大，要拉開極限到一千三百公里處，意思就是J—15飛來台灣東邊丟了飛彈就要回去加油。講真的，航空母艦真的想攻擊台灣東面，不會開到一千三百公里極限值，戰機不管是要搶制空權還是搜索海面艦隊，都要作戰時間，再怎樣都得要滯空十分鐘以上，也就是說航母的攻擊位置，起碼要多靠近三百公里的圓圈一點。

換言之，艦隊大概會在哪裡，大家心裡都有數，在那一條沿著台灣陸基反艦飛彈射程極限外，以及航母艦載機作戰半徑的交叉帶內。而台灣要反制的最好方法，就是把艦隊開出去，太平洋上大海茫茫，解放軍的遠征艦隊還得要分心力，去搜尋可能側攻的台灣艦隊。也不要以為中國航母遠征艦隊實力強大，台灣艦隊雖說沒有航空母艦，但還是有防空跟反艦能力，進入攻擊範圍的解放軍軍機，一樣有被擊落的危險。解放軍航空母艦群一旦喪失太多戰機護航，就會是極佳的攻擊目標。

不了解艦隊作戰的，可能會覺得整支艦隊包含兩艘航空母艦，有十多艘護衛艦，怎麼會如此不濟？原因很簡單，作戰時艦隊會打散，相隔不小距離，艦隊群可能散開在一個數十到上百公里的面積上。用地圖看就可以理解，能夠用在作戰上的區域已經夠少了，散開後面積更大，找到了一台護衛艦，要知道其他艦艇在哪，就不大困難。

航空母艦群先被找到的軍艦一定在外圍，台灣艦隊想要攻擊，就可以從外圍一路敲掉敲到中央的航艦。台灣沒有航空母艦，換句話說就是沒有空中優勢，但反過來講就是，解放軍的戰機在空中也很容易被偵測到。戰鬥機不是預警機，沒有配備專屬設備，很難在廣大的海洋中找到台灣的特遣艦隊。但相對的，海軍要搜索確定在哪個方位的天空，找到了解放軍軍機，無論是要擊落還是反推航空母艦群在哪，並不困難。

現代反艦飛彈射程已經超過地球曲率的直線探測範圍了，主動尋標的功能代表你抓得到那個範圍，或是透過台灣陸地的長程雷達、預警機去找到，要殲滅掉解放軍不算完整的航母戰力，比想像的簡單。說白了就是，中國航空母艦跟美國航空母艦根本不能比，艦隊戰力相差好幾倍，一個美軍航空母艦戰鬥群的戰力就幾乎等於中小型國家的海空軍總和，目前中國距離這個標準還早得很。

另外，航母艦隊是不可能在攻打台灣的時候，停留在一個地方不走，必須保持機動。根據俄國的航母庫茲涅索夫號為參考資料（中國的維基資料向來有誇大之嫌），我們可以看到航程約為七千公里，假設遼寧跟山東的滿載續航力也是如此，會發現實際上的作戰時間並不長。從海南島三亞基地，抵達台灣東邊的攻擊發起區，路程約兩千公里，來回就是四千公里，實際上的燃油已經剩下一半不到，沒有補給艦的支援下，連兩周都撐不過去。以國軍的角度來看，要計算出解放軍航母的可能位置，並非難事。

所以解放軍的戰略，算是一種存在艦隊*，而且萬萬不能讓航空母艦失去護衛艦載機，加上攻勢作戰沒有補給點，需要補給就得要重新回到母港，回程可選路線更少，被攻擊風險更高。再說，艦載機都掉光的情況下，對台灣只剩下軍艦的戰鬥力，只要國軍的反艦能力沒有消失，解放軍就不可能冒風險把艦隊開到近岸，更不可能岸轟，這不是二戰時代有戰列艦的狀況。（註：「存在艦隊」為軍事術語，意思是艦隊本身的存在就是最大意義。這種艦隊本身的實力並沒很強大，但要威脅讓人分心還是做得到，所以與其讓艦隊去決戰，不如到處跑來跑去，讓敵軍為了怕被夾擊、側攻，要分心防衛，降低防守的壓力。）

航空母艦進入作戰位置很難不被發現不遭遇攔截

而且，以上全部是假設解放軍開戰的瞬間，艦隊就能夠瞬間移動到作戰位置的狀況，實際上根本不可能如此。

倘若現在局勢平穩，突然兩艘航空母艦帶領武裝滿載、護衛艦遠超過訓練需求的艦隊出航，目標還是抵達對台作戰位置，台灣會怎麼想？如果沒有真的要對台侵略的打算，開這種艦隊出航，就單獨對台灣東岸進行打擊，吃飽太閒嗎？若局勢緊張瀕臨開戰邊緣，台灣軍隊會對解放軍說「哈囉請過」，放他們出海到台灣東邊？更不要提，美日等周邊國家，會微笑著放中國艦隊入大海去夾攻台灣？地圖再打開一次，請看下圖。

大白圈是美軍嘉手納基地半徑一千公里的範圍，這是美國空軍的打擊範圍，還不包括B－1、B－52等長程飛機。兩個小白圈是台灣目前宣稱有三百公里的反艦飛彈射程，

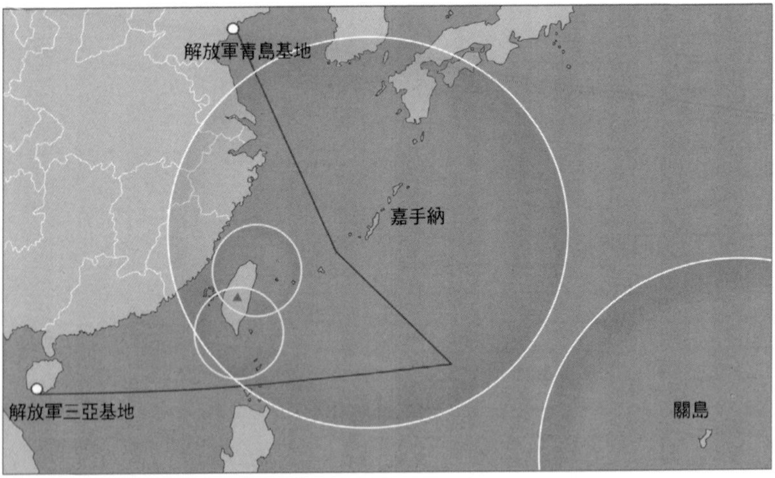

深灰線指的是解放軍從海軍基地抵達之前說的一千三百公里極限作戰的位置，大致要行走的路線。

大家有沒有發現一點，這個作戰是假設美軍完全不出動、台灣海空軍裝死、日本讓解放軍無害通過宮古海峽的前提之上。變數實在太多太大，解放軍要進行這種漏洞百出的東岸襲擊作戰，恐怕是純紙上作業。

隨便舉幾個劇本就好，假使一個解放軍參謀，呈上一份美日各國軍隊都怕死解放軍天威，龜縮在家不敢出去的假想作戰劇本試看看，長官沒把他電飛到天上才怪。正常的劇本想定大概都是如下：

1、在台灣跟中國幾乎進入戰爭狀態下，美軍若介入呢？

中國艦隊根本是一出港就在攻擊範圍內，別忘了美國有更多航空母艦，若西太平洋戰雲密布，美國航艦群不會躲到老遠。想要止戰，只需要在南海、西太平洋擺個一兩艘，解放軍一個洞都沒得鑽。中國身為進攻方，不能認為美軍開艦隊到這些位置，純粹只是逛街而已。

2、若美軍不介入，日本放自衛隊監控中國艦隊通過宮古海峽的狀況？

日本都監控著通過了，台灣當然也監控得到，要襲擊確定通過宮古海峽的艦隊很難嗎？這代表解放軍得要先出動大批陸基空優戰機，飛到日本領海附近協助艦隊通過，避免艦載機跟護衛艦在作戰前就損耗，這不如直接打台灣算了。

3、若美日都不介入，單純提供情報的前提下呢？

看地圖便知道，解放軍艦隊能走的路線就那兩條，預估一下出港時間跟航程，守株待兔不會很難。難不成海南島的山東號要捨棄巴士海峽，改從菲律賓雷伊泰繞一大圈到西太平洋？這段海上航程達到一千公里到兩千公里，船艦航速沒有那麼快，每小時六十公里催到上限以上，一天最多就是一四四〇公里，聽來好像一天就到了，但這意思是至少有八小時的航程，隨時暴露在台灣空軍可以攻擊的範圍，還不考慮出港的台灣艦隊躲在哪裡。

4、若台灣只能自立自強呢？

先前提過，看地圖就知道解放軍會走哪條路徑，都能確定路線跟時間的作戰，這種等同宣告自己下午要去打你的作戰計畫，到底有多少價值？大家可以自行判斷。

航空母艦東部攻勢對台灣的確是一個威脅，但沒有大到扭轉全盤戰略的程度。艦隊出港需要補給，載重量是固定的，而損失掉的艦艇與戰機可不能補充，喪失一定戰力以上的艦隊，形同無武裝的獵物。

這並非說航空母艦威脅不存在，只是被渲染太過，好像有航空母艦就是世界第一強國。美軍的航空母艦群作戰，建立在大量的海外基地之上。若是基礎建設欠缺的情況下，單單僅有航母艦隊，幾乎就是只用一次的消耗品，中國會要這樣幹？那其他國家會堅決支持中國攻台。

航空母艦夾擊論的謠言殺傷力

謠言破壞力	謠言傳播率	實際威脅度	最低成本解決方案
中	高	中等	增購空載型對艦飛彈 加強海軍實力 添加反艦飛彈機動車

八、貨櫃改裝飛彈船突襲論（美軍航母擊沉論）

幾乎不值得提的是貨櫃船飛彈平台。這種構想存在甚至超過三十年，當年蘇聯還真的想過，但最後整個構想廢棄，變成單單只是想想而已。廢棄的理由非常簡單，這是一個戰術上可行但戰略上狗屁不通的概念。為何貨輪改裝飛彈平台不可行？貨輪可以裝一堆飛彈，架很大的雷達，豈不是超棒的？

會出現這類構想的前因是，美蘇兩大強權對峙的冷戰時期，蘇聯找不到可以突破美軍航母群的辦法，想要比照去蓋航空母艦實在太過消耗資源，潛艇的獵殺模式又被美國用更多潛艇一對一盯梢而瓦解。所以想來想去，只有使用飛彈飽和攻擊較有可能性，這就是蘇聯大力發展飛彈巡洋艦的理由，使用大量超音速反艦飛彈，突破美國艦隊的防空網，力求小成本換到大戰果。

而貨櫃改裝的構想就是這時候提出的。而我們何時聽過這招呢？很好玩，在一九九〇年代台灣討論怎樣發展可以攻擊中國的武器時，就已經有人提過去改裝長榮貨輪，裝滿短程飛彈或是火箭，開到上海跟香港外海，或是途經解放軍基地時來個突襲。

換句話說，這招幾十年來早就被人講爛了，最早還是拿去打中國。那為何行不通？第一點，就是貨輪的生存性太差。面對現代武器攻擊，商規貨輪的損管沒有軍事艦艇來得好，要配置護衛艦，就等於宣告這艘貨輪是假的。換言之貨輪就是神風特攻隊，沒有必死的決心就不要出航。

第二點，政治後果太過嚴重。在以小搏大的狀況下，台灣使用貨輪攻中，中國必定在之後把所有屬於台灣的貨輪先擊沉再講。又因為已經出現案例，此時通告所有台灣周邊的民用貨輪，統統給我離遠一點，也不會再引發太嚴重的反彈。

這很有意思，過去曾經反駁過這種腦殘攻擊中國的作法，現在重新包裝後，就認為對美國超有用的。這套說法變形為，美國想要介入是會失敗的，因為只要使用貨櫃飛彈船突襲法，就可以把想要干預的美軍艦隊消滅掉。這仔細想一想，好像頗有道理的，但會有人真的認為美國一艘航空母艦被中國用飛彈貨輪突襲擊沉，就會哭著回去說不打了，還是美國鄉民全體火大，當作珍珠港第二，決定把接近中國的所有貨船統統打爛？

美軍都被這樣搞一次了，當然會說「現在就不要怪我們把接近中國的船打沉，不想死的走台灣東部海域，或是繞菲律賓走，只要進入南海者死」。怎麼可能會一切照常，繼續放任何一艘看來可以裝飛彈的貨輪到處跑，還跑到美軍附近去嚇人。

所以這招不是沒人想過，而且非常有用，但就是一種破壞戰爭規則的作法。一旦這樣做，就等於宣告別人可以無差別攻擊該國的民船，以大吃小耍流氓到底還有道理，小搏大還敢這樣玩就是欠打。

這些就是寫論文的後遺症，單獨討論一種作法很棒，但不代表你真的認同。中國軍旅作家喬良寫《超限戰》也沒想到後來那麼夯，習近平還會拿來當睡前讀物，以為這樣就可以打敗美國。貨櫃改裝的飛彈突襲艦，使用方法不論，就是一種打破戰爭默契的恐怖攻擊。蓋達組織這樣幹，大家都能理解那就是恐怖分子嘛，中國這樣幹是想告訴大家，開放攻擊民船嗎？

這就是典型的情境完全不匹配的結果。

料敵從寬，指的是多考量這些威脅帶來的後果，然後我們多加準備，而非躺平說死定了，去想怎樣投降。**造成投降的預期心理，就是這些謠言的最大目的。**

貨櫃改裝飛彈船突襲論的謠言殺傷力

謠言破壞力	謠言傳播率	實際威脅度	最低成本解決方案
高	中	極低	臨戰前淨空海域

九、近年正夯的巡弋飛彈與長程火箭彈襲台論

經典謠言之所以經典，之所以能夠歷久不衰，都有一些現實的理由。從上述的常見謠言，我們可以看到許多人之所以會被騙，是因為資訊不對稱。不僅僅是普通人，專業軍官更容易受騙，並非軍官毫無專業，恰巧就是夠專業才會這樣。

這跟教育制度有關，我們的教育制度很容易教出輕易相信煞有其事的數據與分析，而鄙視只靠常識就可以想通的事實。軍隊的訓練更是如此，學校教官往往在軍職期間對於自己的專業相當熟悉，但跨科甚至跨軍種，其所知的程度不比一般人好，這就更別說是跨領域了。現代武器非常重視技術層次，台灣除了國防大學理工學院背景的軍官，一般軍職人員是不懂工業技術的，遑論技術背後代表的意義。

這狀況導致了新種類謠言比傳統的更難對付，因為完全訴諸於無知，核心概念就是一個「中國怎麼可能做不到」。而只要是反對，就是瞧不起中國的意識形態作祟。近

年又跟政治鬥爭結合，立刻就扣上一個泛綠大帽子，或是貼上一個仇中的標籤，不必再多說了。這已經不是有沒有道理，而是變成信仰了。

新種謠言，最具殺傷力的就是「巡弋飛彈」以及「火箭彈」。其實這兩個都是彈道飛彈的變種，只是把中心概念拆開來而已。

飛彈定位失之毫釐差以千里

巡弋飛彈的概念是，精準無比的攻擊，低空掠海避過所有監測，貼著地面擊毀台灣的軍事設施，「所以開戰後不到半日，戰機被擊毀、雷達被摧毀、防空飛彈被炸毀，什麼都做不了，只能任由解放軍來去自如」，完全接上彈道飛彈的論點。

火箭彈就更厲害，強調超過一百公里的超長程火箭，數以百計、千計的朝向台灣發射，讓地面化為火海。更誇張的還強調火箭可以導引，命中率奇高無比，結合了火箭跟飛彈的優點，台灣軍隊只能任憑宰割。

但若你質問散播謠言者，這些武器的技術核心是什麼，絕對答不出來，只能拿民用裝備來類比，例如都可以無人機送餐了，飛彈要打中目標也很簡單；中國都能自產晶片了，精密設備越來越厲害，要說他們做不到就是仇中。

技術上來說，巡弋飛彈依靠的是陀螺儀跟GPS等電子設備，要對地形地貌掃描比對，才能確保可以貼地飛行。謠言論者指出，中國的衛星可以把台灣的地形掃得清清楚楚，自產的電子設備堪比美俄一級軍規品，統統不是問題。

但事實上是，沒有的技術就是沒有。台積電號稱全球最佳晶圓代工廠，但該進口的設備就是得進口，想要達成頂尖製造力，單單靠自己做得到嗎？中國造不出跟美俄軍規同級的陀螺儀，即便俄羅斯願意出口，用常識就知道，不會賣最尖端的技術出去，就算會賣也是用黑盒子鎖死，還得控制數量。

結果中國的內容農場文吹噓長劍巡弋飛彈比美軍的戰斧巡弋飛彈還精準，真的是YY小說看太多。另外，涉及GPS的技術問題，用常識可理解的來舉例，比如開車的時候如果一直轉彎，車上的GPS定位系統會常常偏掉，信義路歪到仁愛路是不至於，但定位到隔壁一條街是家常便飯。這段距離就是十公尺以上，還是慢慢開的情況。

雖說商用GPS跟軍用不能放在同一等級，但巡弋飛彈的速度很快，貼地飛行要一直比對資料，是不變的事實。速度越快的狀況下，要比對的資料就會越多，是可以避開地面防空武力，但進入了台灣陸地後，會有地形與大量建築。在很空曠的地區就罷了，如果是要精準打到有很多障礙物的小目標，或是得大轉彎才能正面擊中的機堡，難度非常高。美軍歷年的巡弋飛彈攻擊，擊中目標的方式鮮少是在市區連轉八個彎，大部分針對的是周邊干擾物較少的情況。若是要針對藏身於市區的軍用建築，遇到有大量掩護的軍事設施，多用空軍投彈。

這理由已經不言而喻，如果巡弋飛彈這麼好用，為何還要派飛機臨空打擊？

我們從未看過技術資料，明白表達出中國長劍巡弋飛彈的真實樣貌，全都是宣傳文章，所以技術上想要分析到底長劍有多強，真的無從下手。但可以確定會吹噓比戰斧飛彈強的，大概都是垃圾文。而這正是網路上跟你說中國巡弋飛彈一波收掉全台空軍的理論，用完全沒有驗證過也沒有技術資料，全都是帳面數字代一代的東西。要拿帳面資料來當作佐證，那我們也可以編數據，說台灣的雲峰飛彈射程一萬公里，想打北京哪裡就哪裡，誰會信？那為何去相信中國可以。

使用飛彈的狀況

使用飛彈攻擊有密集防禦、地形遮蔽的軍用設施，或是藏身在民宅中的重要軍民共用設施，例如市區中的通訊中心，目前看到的兩種方法如下：

1、彈道飛彈：彈道飛彈是飛至目標物的大氣層高空，幾乎是垂直的落下來擊中，所以不會有躲障礙物的問題。但這不會拿去打市區，因為在現代戰爭中會大量殺傷平民，命中率也不高，但在軍事機場這類場所就會使用。

2、戰機投彈：美軍大多是先用隱形轟炸機，打掉雷達跟防空站，正規的轟炸機才會次一波出動。在面對沒有多少防空力量的伊拉克，作法也是由戰機投擲JDAM（Joint Direct Attack Munition，聯合直接攻擊彈藥）。

巡弋飛彈不是沒有被使用，精準度也不是很差，是使用上的限制，即使不在乎平民傷亡，也要考慮造價高昂的巡弋飛彈，為了要徹底摧毀一個在高樓林立中的都市目標，要使用多少顆？近年巡弋飛彈的使用案例，不管是雷達站、防空飛彈、核子設施、電廠、戰機，可以發現其目標物整體來說都很大，使用巡弋飛彈的目的是要「降低成本」。

降低兩種成本，一種是彈藥成本，使用傳統炸彈或是非導引的火砲攻擊，想要摧毀有設防的雷達站、發電廠，會有太多攻擊打到鋼筋水泥的防護上，對於本體幾乎沒有傷害，使用各類火砲跟彈藥的整體成本還比單發巡弋飛彈高。巡弋飛彈可以較為準確地打到該打的地方，或從防護面較低的側面鑽入，畢竟對防守方來說，要把大型設施保護得密不透風，實在不大可能。

另一個成本是時間，防守的一方在遭到攻擊後，會轉入防禦以及反擊模式，有些防爆門平常沒關，被轟第一發後就會關了，之後的攻擊效果就會降低。巡弋飛彈第一發就趁虛而入，給予還沒徹底防守的設施致命一擊，效率很高。

總之，巡弋飛彈不是拿來打台北市中某個機動雷達車，必須要符合交換比例，拿造價很高的飛彈打價值不高的設施，毫無意義。

再說，想要說服專家，中國的巡弋飛彈有超越時代的水準，可不是提出官方數據就有用。你得要拿出陀螺儀的製造資料，進口還是自產，材料怎麼做、膜怎樣鍍，GPS用的零件是哪幾家的，電路板拿出來看看到底製造得多漂亮等等。如果都沒有，只說是機密就帶過，說官方資料一定正確，這就是信仰，而非科學實證。若是認真的想要知道巡弋飛彈的精準度多少，那就拿出實戰演習的成績出來，打那種周邊空曠無一物的目標，不能作為佐證。

巡弋飛彈與長程火箭襲台論的謠言殺傷力

謠言破壞力	謠言傳播率	實際威脅度	最低成本解決方案
中	中	高	加強設施防護裝備 增加低空防禦系統

威脅程度低的火箭彈

另一個謠言叫作火箭彈。這幾乎連駁斥的價值都沒有。沒有導引的火箭彈頭，射出後就是依靠大自然的風與氣流，然後祈禱命中一百多公里外的目標。這個技術在二次大戰就存在，也就是德國的Ｖ１、Ｖ２火箭，發射出去後只能簡單導引，可以擊中倫敦，但不知道可以打到什麼。

想要知道這是什麼概念，就請想像一下，拿著一把橡皮筋槍，瞄準一百公尺外的螞蟻，要打幾發才會打到。所以為何火箭攻擊，從二戰知名的蘇俄卡秋沙火箭，到現在台灣自產的雷霆2000，全部都是「面」的打擊，因為火箭的功能本就是以量取勝，對目標區進行火力壓制。根本不會拿來外加導引零件，例如在火箭上裝GPS、光學尋標器，這已經不能叫作火箭了，根本就是飛彈。

火箭之所以要以量取勝，就是每發火箭的成本很低，發射一輪也不會很貴。今天若改造火箭彈成導引火箭，成本就立刻飆升了，即使只是稍微有點導引能力，從打到一百公里外的目標區十公里內變成一公里內，還是很難打到想要的目標。

這個概念在彈道飛彈章節就提過了，精準度跟威力，火箭彈的威力就是不足，殺傷人員跟輕型甲車可以，攻擊機場跑道讓飛機暫時無法起降可以，拿去當成神兵利器，衝幾波就可以讓台灣軍事設施全滅，這已經超出幻想的程度。

我們就當作改良後的導引火箭可行好了，但是要怎樣讓火箭彈頭在射出後還能夠修正軌道？這要裝上尾翼調整，外加各種電子與光學零件，為此還要安裝額外燃料或電池……最終會發現，想要打得準就是用飛彈，根本不是火箭。

在沒有導引的情況下，火箭彈發射出去後會被風帶動，越遠飄散得越開。這道理只要拿花灑往斜前方噴水，在一旁拿電風扇吹就可知道，風力越強水花散得越嚴重。意思就是，從一百五十公里外對台發射火箭，就算有一千發好了，無導引下被風吹一吹，落地時每一發的間距可能就是好幾百到幾千公尺，而且火箭的裝彈就不多，攜彈量不大就沒有威力可言。

簡單說就是，火箭破壞力要越大就得攜帶越重的炸藥，需要燃燒的燃料就得要越多，火箭體積就得越大。所以反過來說，看火箭的大小就可以判斷出其射程與威力，低威力只是攻擊面廣的，拿來殺傷平民、威脅台灣民眾製造恐懼倒是很有效。但軍用價值呢？非常低。

火箭彈的謠言殺傷力

謠言破壞力	謠言傳播率	實際威脅度	最低成本解決方案
中	低	極低	訓練往最近掩體掩蔽

十、萬年不變的經典謠言——封鎖台灣

「封鎖台灣」也是數十年來沒有消退過的謠言，主要內容大致分為兩方向：

1、台灣是海島，被封鎖就會完蛋。
2、中國可以輕易封鎖台灣。

然後就死了。

是的，就這樣，沒有任何技術討論，直接結論。

大談此類謠言者，絕大多數都是用國際關係角度切入，理由不外乎是「其他國家不會出手幫助」、「台灣撐不了幾天」，至於怎樣封鎖，如何封鎖，大概就是出動解放軍帳面上很多的艦艇、武裝船隻，或是潛艇跑到港口施放水雷等等。

當然，有軍事概念的人來說，提到這種說法，腦中大概會想到一打以上的問題要解決，但這類說法對一般民眾而言很具有說服力。因為謠言會流傳就是有部分的事實，這個謠言的事實大致有三項：

（1）台灣禁不起被封鎖太久。

（2）中國的確有封鎖台灣的能力。

（3）潛艇也的確可以施放水雷。

既然如此，好像不就代表做得到嗎？是的，「大致上」做得到，但「嚴格說」做不到。封鎖沒有想像中那麼簡單，說要封就封，必須考量的問題非常多，就算只討論國際壓力，技術上來說也是困難重重。

封鎖有種種施行上的難處

首先，這三個謠言中的事實，關鍵處同樣在「時間」與「空間」。台灣禁不起被封鎖，但問題是「封鎖會持續多久」。討債集團要去堵人，保證要堵到就必須派越多人，用越多時間監視，更何況大海茫茫，要做到封鎖需要持續多久，解放軍有此資源嗎？

中國具有封鎖台灣的能力，純粹是就技術上來說，還真的做得到，但就實務上的運作可是完全做不到。大家一定覺得這到底在講什麼有字天書，完全看不懂，很合理，多數研究軍事者也都沒講清楚，或是不知道怎樣解釋。

在此就先不提台灣被封鎖幾天會出事，軍需跟民生用品的自產能力等等在封鎖後會出現的狀況，因為講下去恐怕更多封鎖教徒會崩潰，以下就只談會怎樣封鎖。

簡單說，就是「封鎖」的具體措施要怎樣去施行。大家可以想像一下，台灣是海島，封鎖一定得用海空軍，所以假設今天有一艘「不明船隻」出現在雷達上數十公里外，若你是解放軍奉令執行封鎖的軍艦，會怎麼做？

A、發訊息友善詢問，若回答為非台灣籍商船，就打聲招呼放它過。

B、開啟嘴砲模式，堅持盤問對方到底目的地是不是台灣，若是的話把它罵走，不准它前進。

C、不管三七二十一，有船出現在這裡，就發射飛彈擊沉。

問題在哪？大海很廣闊，僅能依靠雷達確定這艘船出現，再用其他辦法確認這艘商船是不是依航線去台灣。就當作會進入這片海域的都是要去台灣好了，要怎樣阻止這艘船？不要以為開船過去追它會很有效喔，想想看距離如果五十浬，軍艦速度比商船快十浬，那最少也要五小時才會追上。

那換個方式，若不聽話停船檢查，就能夠直接發射飛彈擊沉嗎？就先假設這是成立的好了，那麼東北亞國家的船隻需要行駛台灣海域的航道，每天會有幾艘船要通過呢？我們就假設日本有一百艘，然後你是解放軍軍官，要怎樣確定這一百艘商船中，哪一艘將是載滿台灣需要的物資，目標是台灣港口的呢？而實際上每天通過台海周邊的貨船多的話會有上千艘。

換句話說，若要派人登船檢查，就先當日本人很乖，都願意讓解放軍上商船盤查好了，那麼一艘萬噸商船，要徹底檢查需要多少人力？每天一百艘，需要多少解放軍的軍艦或是武裝船隻，花費多少時間去檢查？若把會通過的其他國家都算進去，中國海軍加上岸巡的數量翻倍都不夠。

也就是說，要封鎖就只有勒令船隻轉向不然就擊沉這個選擇。上船押人或是把船開走，都需要更多人力，把船開回自家港口就會跟海盜沒兩樣，實務上也沒那麼多人跟港位可以執行，真做下去問題會更多。

日本跟南韓的海運生命線一半以上通過台灣周邊，要他們繞道，是要怎麼繞？這不是打電動，可以每一種船隻都從巴士海峽開到太平洋上，距離台灣一千公里以上繞一大圈，海象跟船隻性質都不能這樣做。更不要覺得，日本就會乖乖配合從北太平洋繞一大圈，增加出來的龐大成本自己吞。算帳就知道，日本鐵定會派自衛隊護航比較乾脆，誰敢來找麻煩試試看。

航路上有各國船隻，難以一一檢查

現實上要封鎖海洋，沒有那麼簡單，這裡有物理上的絕對限制，即是：「距離陸地越遠，大海越廣闊，要封鎖的區域就越大。」封鎖航道不是封鎖馬路，必要時是可以繞道的，更不要提要是真的想要突破封鎖進入台灣港口的船隻，繞個路算什麼。

也許會有人說，封鎖海域不成，封鎖港口不就好了？那封鎖港口是要怎麼封鎖？派布雷艦到高雄港外面，說不好意思我來布雷了。如果是平時，一艘假商船開去港口布雷，的確成功率很高，重點是那之後呢？全世界所有記者都跑去高雄，報導中國使用商船違反國際法在港口布雷，造成幾艘船隻毀損沉沒……

如果是進入兩岸緊繃、衝突不斷的時候呢？中國這時候還有船敢開近台灣海域喔，台灣再怎樣都有幾百枚反艦飛彈，陸軍也有一大堆直射武器可以打，解放軍要怎樣去布雷？一艘敢死隊布雷完就死了，整支艦隊想靠近，一定被當敵軍入侵來招呼。

也因此才會有潛艦布雷這種謠傳，但這也代表中國根本不具備「實務上」可行方案，只能以這種謠言心戰攻台。實務上不可行的理由也很簡單，台灣具備相當的反潛能力，單獨一艘潛艇摸進港口周邊布雷，被發現後一定會被追殺，而且就只有那一艘是想幹嘛？布雷完了就等記者來拍災難紀錄片嗎？

我們就別講那麼多，就想像一下明天基隆港外有船隻撞到水雷沉沒、堵塞港口好了，那麼接下來會發生何事？新聞圈大興奮就不提了，軍方一定提高到作戰層級，還沒出港的軍艦立即準備，空軍進入戰備狀態，陸軍會照計畫把重要機場與港口加強防務。

然後呢？中國要幹嘛？上電視說小灣灣看到祖國強大能力了嗎，還不速速投降。

有一種說法是解放軍不需要攔檢所有船隻，只要攔截油輪跟運氣船就好，台灣的能源就要被截斷了。坦白說，這種建議還是不要講比較好，因為油輪就不是全部都在台灣註冊，這樣是要拿什麼理由在南海海域上威脅一艘油輪不准往北開。船長拿資料說是運去南韓的，解放軍艦長是要選擇相信還是不相信，會不會跟上段講的一樣，開到一半轉去台灣了？

時空背景為何很重要，因為若處在平時，根本不能封鎖港口，更何況台灣港口好幾個，要達到徹底封鎖的程度，就得同時對每個都布雷。單一港口出現船隻莫名損毀，還可以說是意外，每個港口同時都有船隻出事，台灣軍方全部都會動起來。接著，若解放軍沒有進一步行動，純粹打嘴砲，這就根本國家級恐怖攻擊，最好全世界會說中國好棒棒。亦即，如果解放軍擺明就打算武力攻台，或是擺出要全境封鎖的準備，難道國軍會放著港口就這樣被全數封閉，而什麼準備都不做嗎？

如果是在戰時，那要怎樣封鎖台灣？這裡有兩種前提需要考慮，一種是台灣海、空軍都還在，那解放軍只有選擇外洋封鎖。依目前的地理位置，只有南海可以這樣做，而南海有多大，要怎樣確定哪一艘通過的船隻是需要擋下的。全面封鎖讓一艘船都過不去是不可能的，東北亞國家馬上都會翻桌。另一種狀況，若是台灣海、空軍已經被削弱了，那何必再封鎖，直接打下去不就好了？

所以封鎖必定處在接近開戰的邊緣，任何一個人說可以隨便封鎖台灣就死了的人，請微笑然後不要理他。

在此做個小結。我們回過頭來檢視各種封鎖的可能性，而且必須是處在兩岸幾乎瀕臨開戰，或是已經開打的情況。為何？前幾段反覆說了，若承平時刻就開始封鎖，就會面臨各國海軍護航的狀況，今天如果中國並不想打仗，那麼台灣也派軍艦出海，保護商船回台，解放軍除了對峙以外能幹嘛？

封鎖廣大海洋難以進行

進一步討論封鎖的幾種可能方向，依遠近只有這三種：

1. 封鎖整片大海
2. 封鎖航線要道
3. 封鎖所有港口

當然還有第四種，去產地港口封鎖，例如去沙烏地阿拉伯的港口封鎖，不准任何想運油去台灣的船出航。但要去控制他國港口，是要先對該國開戰嗎？

首先，解放軍絕無封鎖大海的能力，請把Google Earth打開，去看那個海域大小，再對比會通過台灣的航線，接著查一下每天會通過台灣周邊的船隻總數，就會發現，想要每一艘船都檢查，物理上就是不可能。若是現在檢查漏掉，或是這艘船在接近台灣時來個轉彎直接開向高雄港，要追也追不上，太接近就會被國軍攻擊。

要封鎖航道聽來簡單，遠離台灣

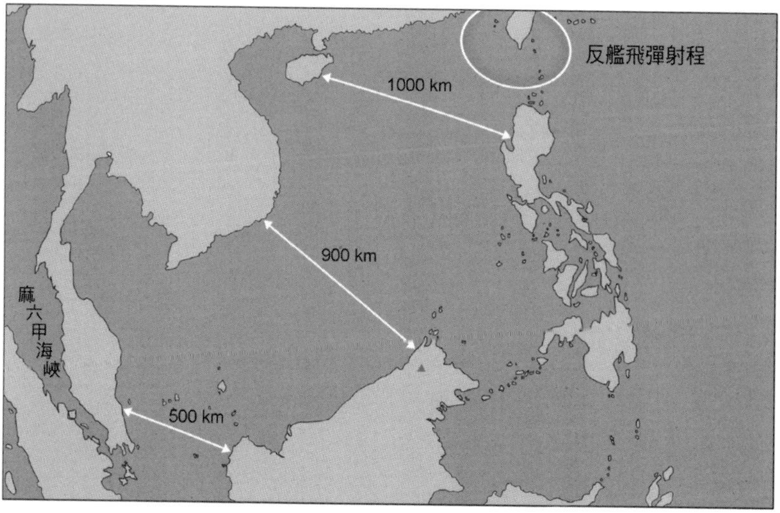

的必經航道，就只有一個麻六甲海峽，中國要去麻六甲封鎖，但這並非中國領海或領土，憑什麼封鎖。其他地方要不就是人家的領海，再不然就是海軍實力也不弱，解放軍是要拿什麼去威脅人家配合，打一個台灣還不夠，順便打其他國家嗎？

要說中國在南海有一大堆基地，可以執行海上封鎖，但現實世界並不是電玩，以為島嶼插箭塔就可以射死經過的船隻。太小的島嶼雷達功率不夠，夠大的島嶼可能還配有飛彈，但總不能見船就打。封鎖的最大危機就是，得假設每一艘船隻都有可能攻擊你，開艘小艇過去，要一艘萬噸商船停船受檢，確定人家上面沒有武裝人員？最終依然是要派軍艦執行任務的。

要有效封鎖台灣港口，就得要先癱瘓台灣的防衛能力，不然絕無可能。想無時無刻都用軍艦壓制港口，那就是直接跟陸海軍開幹了，台灣的陸基火力要把近岸的解放軍軍艦打成魚礁，一點問題都沒有。這變成得要先消滅台灣的防衛能力，又回到前幾篇講的，總得先攻擊軍方陣地，取得制空權，再一步步削弱陸軍防衛兵力，不然貿然靠近海岸的軍艦都很危險。而到這種地步就不是「封鎖台灣」的謠言了，而真到這種情境，要實質封鎖港口，筆者可以提供解放軍粉絲一個更簡單的作法：

「用數千發彈道飛彈把全台所有港口設施打爛。」

都開戰了還一艘艘攔截船隻喔！

要封鎖台灣，還不如監控港口，看到有運油運氣船停泊，就丟一堆飛彈將之炸沉。或者更乾脆一點，開戰初期就把港口卸裝設備炸毀，這遠遠比開船去封鎖實際得多。

高喊封鎖必成的解放軍粉絲，都沒有想過一個軍事上的常識，今天若解放軍奉命要封鎖台灣，打開地圖來看要在哪裡封鎖？

台灣周邊海域，東海到日本沖繩列島，西太平洋到巴士海峽，幾乎都在台灣空軍的攻擊範圍內，解放軍想開船在這些海域上逛街，見船就說封鎖中給我回家，可能嗎？國軍會很忙碌，光收到大量進來的情資，告訴我們解放軍軍艦就在那裡喔快打，煩都煩死了。

換言之，要封鎖只有麻六甲海峽到接近巴士海峽的南海海域可以，還得要避開周邊國家的陸地監控。如果是解放軍軍官，絕對不會賭周邊國家看到中國海軍，不會來跟台灣通風報信。所以實際可以攔截的海域就很少，對台灣已經出港的特遣艦隊來說，確定中國採用封鎖貿易與能源線的戰法，艦隊長會開香檳慶祝。

都知道解放軍艦隊在那邊了，要打爆你還不簡單。台灣的海軍實力跟中國海軍全軍對比的確遜色不少，但只跟中國三大艦隊中的一支對比，戰力並不會遜色。

提倡封鎖論的，絕對不懂在大海中，隨時被敵軍知道在哪裡，而不知道敵人從哪來，更加令人恐懼。

總之，封鎖台灣是一種建築在很多「部分事實」上的謠言，而且每個部分都是合理的，但合併起來就是歪理。

因為時間跟空間的匹配不對，在台灣仍然有強大海、空軍實力的初期，採取封鎖戰略無異自殺，失去艦隊的解放軍，根本不用再想怎樣登陸台灣了。若開打了好幾周，終於把台灣海空軍削弱到一定程度，那麼此時封鎖也無關緊要，因為台灣周邊戰場早就戰到沒民用船敢靠近。

封鎖台灣論的謠言殺傷力

謠言破壞力	謠言傳播率	實際威脅度	最低成本解決方案
高	高	低	提高海軍實力 加強陸基反艦能力

第一部總結——謠言就是要讓人變成失敗主義者

謠言大都用類似的方式來編造，擁有部分的真實，讓不明所以的人相信其他部分也都是真的。

問題從來不在真實度有多高，在軍事戰術上，所有的真實度都要伴隨著「時間」與「空間」的運用。好比中國的遼寧號航空母艦，出航到進入台灣東部海域的作戰位置，怎樣趕都要兩天，兩天之間又有大概六至八小時，會進入台灣的攻擊範圍內。所以航空母艦威脅論的真實度很高，但加上時間以及其他條件，就幾乎沒有威脅性了，或者說在特定條件下才可能成立。

那麼，我們可以用二分法說，中國航空母艦是廢物VS中國航空母艦是神兵，去判斷事情的對錯？當然不可以。這更不用說，將這種特定條件下成立的戰術，延伸成台灣徹底失去東部優勢，開戰就馬上完蛋，已經不是過度詮釋而已，根本是超譯。

台灣軍方一定會針對任何解放軍的新武器、新戰術，做全方面研究，其中也一定有將之優勢擴大，試圖找出台灣守軍弱點的部分。這就跟學校段考前的小考類似，小考的目的不是要證明你段考死定了，而是讓你知道哪些地方不夠熟練，需要多加強。

結果我們多少上電視的軍事專家，把小考成績當成段考完蛋、會考死定、大考崩潰，所以你人生已經完了的結論。

下一部分，我們將要走出謠言，進入正規軍事研究的領域。我們會用清楚簡單的說明，讓大家即使在未關注戰略及軍事常識的狀況下，也能理解中國對台的戰略，以及發展中的攻台戰術，究竟是怎樣進行的。

要先知道合理的手段，才會曉得該怎樣因應，不然老是用台灣必敗的角度，去預設中國所有的武器與戰術都必定成功，這叫作失敗主義。讓台灣人落入失敗主義，覺得做什麼都沒用，這樣中國就可以用最節省的方式攻下台灣，這才是這些謠言想要達到的目的。反過來想，為什麼要有這些謠言，不就是**因為正規軍事侵略的難度很高、成本很高、代價很高，所以想試著用謠言來降低難度與成本**。若是相信這些謠言，產生了失敗主義，就是幫了中國大忙啊。

第二部　中國侵略台灣的戰術

要知道對手的想法，才有可能做好防衛，所以這部分主要試圖從合理的角度，以及歷年國內外兵推結果，來建立中國對台動武模式。不會無視時空條件，開啟任意門的跳躍運兵，更會加上地理與後勤因素，讓大家可以理解，中國對台動武的困難性。

其次，也會讓讀者明白，台灣很難被攻下，但不是不可能被攻下，還是有較弱的部分需要加強。我們的目的是要讓對軍事不甚了解的國民，可以快速進入軍事思維狀況，明白軍事上會遇到的麻煩，是不分國籍的，也是各國軍事行動都要面對的問題。

以下篇章將針對分析中國對台侵略可能的劇本與規畫，也會提到前一部分謠言破解時討論到的一些方案。但要加以說明的是，前述謠言多建立在部分事實然後推到極端的誇張狀況，以下的分析雖然也會有這些武器或手段，但卻是建立在比較切實的實際應用上，而且是正式兵推時多種手段配合的情況，而非謠言中的單一手段誇張到極致，然後台灣便毫無招架之力。

此外也不諱言，我們要建立全民心防，就得先了解中國沒有神兵利器，更沒奇謀詭計。太多人設想解放軍的參謀有如諸葛孔明，可以規畫超出所有人想像的戰術，甚至假定中國有超越一切的科技能力。這種都算是先射箭再畫靶，假定中國絕對會贏，台灣沒有勝算，再從此出發去合理化種種說法。

只要拿事實去反駁，就會被貼上仇中標籤，近年選舉意識形態競爭激烈，更多了罵你是深綠台獨的人。總之扣上意識形態帽子，來替自己的意識形態辯護，如此一來就不需要討論實際戰略問題了。畢竟討論現實實在太辛苦，不如訴諸情緒和謠言操弄，而這正是我們想要破除的。

十一、攻台劇本假定

任何討論中國對台侵略的前提，必須先做中國如何獲得勝利條件的假定。沒有清楚的勝利條件，用很虛幻的「台灣人怕死投降」、「打到台北就贏了」、「總之台灣不會贏」，或是跳躍式的直接說「台灣人打不了巷戰」，都不值得認真去思考。

設想今天你是規畫要攻下台灣的參謀，會寫出「總之我軍登陸後，台灣人民夾道歡迎，台獨分子望風而逃」這種劇本嗎？鐵定馬上被抓去電到飛高高。台灣國軍在兵推的時候會「料敵從寬」，希望從中找到我軍的弱點，難道解放軍規畫的時候就不會「料敵從寬」？

戰爭會死人，解放軍是攻擊方，自己要上場去打仗，沒有人會開玩笑隨便寫計畫。我們若沒有建立這種認知，就會很輕易被坊間的謠言系列騙得團團轉。事實上解放軍的參謀非常理智，規畫極為依存現實，從不輕視台灣的防衛力量。我們會看到解放軍的文攻武嚇，基本概念是宣傳戰，是企圖影響台灣人的心戰文宣，不是認真的思考渡海登陸戰的劇本。

這些進攻劇本的開頭，必須要設定怎樣才算是勝利，不然沒有辦法藉此準備足量、適合的軍隊，後勤準備也沒辦法滿足。這就跟開工廠接單一樣，客戶下一張訂單，「大約成品五百件到五萬件，總之你們先準備」，誰會理他。

對於中國來說，政治上的完全勝利條件，無疑就是台灣稱降。無論是全面性的投降，還是表面上的歸順，總是要有台灣政治人物經過立法院通過的投降行為。若台灣沒有投降，反而完成所謂的法理獨立，那麼中國在政治上就是失敗的，必須採取非政治性的作法，也就是軍事入侵。

擬定攻台劇本

所以，解放軍的攻台劇本，在政治上就是反獨或武力統一。但要怎麼做到，這個勝利條件如何設定？一般而言有下列幾種：

1、發動海空封鎖戰，迫使台灣經濟崩潰，人民迫使台灣政府接受中國的條件。這跟謠言所稱的封鎖概念類似，但手段並不相同，是指純粹使用海空軍，不發起侵略本島的軍事行動，要透過逐步消滅台灣防衛力量，直到國軍沒有能力擴大防守圈，讓解放軍可以在離台灣較近的海域，針對特定的商貨船檢查，而非跑到廣大的南海海域無差別封鎖。時間要數周到數月以上，可想而知這種作法遇到台灣堅決不降，或是國際強力介入後，很容易失敗。

2、對台灣的外島發動小規模侵入，誘發台灣本島民眾的恐慌，在恐懼下要求台灣政府對中國妥協。同樣的道理，這指的是不攻打本島，對金馬、東沙、太平島等非無人小島，進行有效侵略的軍事行動。以中國的實力要執行這類作戰到成功，幾乎是沒有疑慮的，問題在付出多少犧牲。麻煩在於，外島必定會出現大量被俘虜的降兵，以及被武裝占領的居民，藉此對本島進行強大的政治宣傳，逼迫台灣懼戰而降。

3、動用三軍發起聯合作戰，以確實攻下台灣本島為目標，實質達成武力統一。

這是實際上真正有效，可以確保戰果的作法，但相對而言失敗風險也很高，即便贏了卻只是慘勝，中國恐怕也無法應付接下來可能的其他國家威嚇。

前面兩項屬於以戰逼和的方式，第三項才是一勞永逸的解決。但我們從前兩項也可以理解到，在台灣本島沒有被占領的情況下，單純以戰逼和，萬一台灣民眾就是不接受，堅持要抵抗到底呢？很快就會進入到解放軍不採用第三項都不行的狀況。

而以戰逼和也有分層級，在距離台灣很遠的地方海空封鎖，跟先用彈道飛彈把台灣打過一輪再封鎖，效力哪個好？第一部的謠言解說中，也提到海上封鎖非常麻煩，且解放軍力有未逮，跑去廣大南海海域封鎖，卻不削弱台灣本島的防衛力量，安全但效力很差。真用彈道飛彈把台灣轟炸一次，空軍出動幾天削弱部分實力後，再靠近台灣封鎖，效果會較好但風險高。解放軍要考慮的遠比台灣單純防守多很多。

而台灣民眾見到死傷後，究竟是選擇戰下去，還是如中國所願投降，很難預料。想透過攻擊本島造成大量死傷，用恐懼瓦解台灣心防，也得要確定台灣人真的會嚇到才可以。即便不進攻本島，在外海開戰一陣子後，封鎖效力是否如想像中的大，抑或台灣人根本沒感覺，政治上又不能反覆測試，中國需要擔心的比台灣還要廣。

所以，解放軍對台動武的劇本，勝利條件絕對不會用簡單的以戰逼和作結，最起碼都要攻下台灣一定程度的領土。因為政治不確定性因素太高，尤其在台灣執政黨屬於偏台獨勢力的前提下，政治面要內部崩潰太難了。最後的結論，都不可避免導向使用武力進行全島占領的入侵作戰。

入侵作戰，通常有兩個版本：

1. 搶時間直攻本島。
2. 穩紮穩打先攻澎湖再打本島。

這兩個劇本的軍隊使用構想是完全不同的，請讀者小心混淆的說法。因為搶時間就代表解放軍設定的「失敗條件」，是優先考慮在某個時間若還攻不下台灣，就得重新思考後續的情況，是要撤軍還是繼續投入後續部隊磨下去。若是採取清國施琅攻台時的歷史手段，先攻澎湖建立中繼站後再打台灣，的確是可以好整以暇的準備大軍，採取階段性攻台，但必定耗費極長時間，以東亞的國際狀況，外國的兵推設定都是不能超過一年。

獲勝時間必須在半年以內

下圖是直攻本島的劇本流程之一，大家可以看到，解放軍若能登陸，目標之一就是期望軍事進展可以迫使台灣民眾認輸，不然就得要一直送上增援部隊，在時間內打下夠多的占領區，達到實質上占領成功的結果，不然就是失敗。至於這個時間的設定，選擇直攻本島，快速攻下的狀況，勝利時間的限制不能超過半年。

為何不能超過半年？因為地球

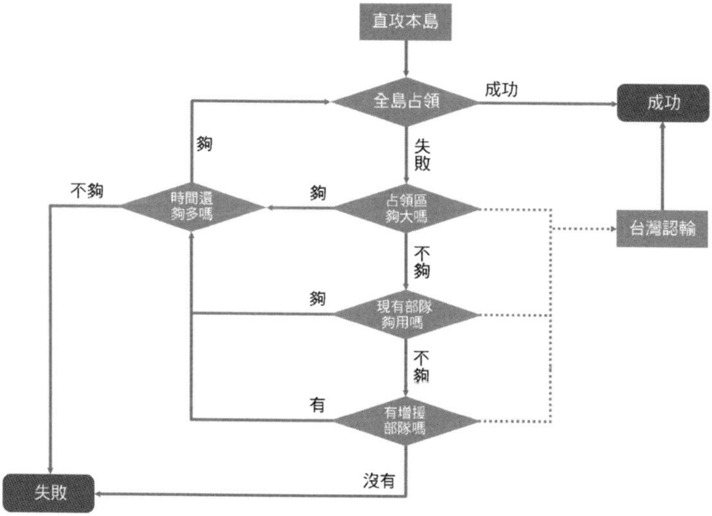

上不是只有中國跟台灣，還有很多周邊國家，台灣又是海路航線要道，所有兵推都會假設其他國家將會在幾個月後進行干預。干預就代表中國無法持續軍事增壓台灣，若還未攻下台灣，台灣民眾也還沒屈服，此時知道有外援就更不會投降。

有人必定會說，料敵從寬，台灣不能假設有外援。對，那是我們國軍寫計畫這樣寫，不把外援列入，若是中國解放軍的參謀，寫一個「俄德法美日奧義英，保證絕對不會一定不可能介入，我們可以打台灣十年都沒問題」，上級收到計畫書當天就會將其送軍法，這難不成是間諜來著嗎。

解放軍的作戰計畫中，不可能認為全世界都袖手旁觀，等中國慢慢打下台灣，再怎樣都要制定一個最長時間。因為不同時間的戰術規畫會完全不一樣，拖太長就代表後勤補給要夠多，國內的彈藥工廠產能要可以滿足，也要安排夠多的補給方式。

至於要穩紮穩打，也多半設定上半年內攻下澎湖並整補，同時不停的海空削弱台灣本島，然後下半年準備大軍強攻。若採取這種戰略，那就得要計算台灣的後備集結數量，是否可以在一年內達成實質武力統一的目的。

總而言之，希望大家可以理解，戰爭不是覺得A然後就是B這麼簡單。光是一個勝利條件的設定，就會嚴重影響到作戰準備，更何況是臨機應變，需要更多寬鬆的準備量。而不管解放軍打算採取哪一種，都會有一些共通的作法，下文將會針對這些必定會出現的作法，逐一為大家解釋，以及說明台灣將會怎樣因應。

我們希望建立一個正確的認知，解放軍也是人，料敵從寬不是台灣的專利。

最後，本部分的討論，將不會提及解放軍會為了準備對付美軍或日本自衛隊，額外需要準備的部隊。設定上將以台灣獨自面對中國進攻為原則，而美日兩國不會直接介入，僅採用情報共享的程度。

畢竟，若連美軍都直接介入，中國根本不具有任何武統台灣的可能，這將在第三部分解釋中國的建軍戰略與構想時說明。

十二、戰前準備

中國雖然軍隊龐大，但需要關注的焦點很多，除了近年常常互嗆的印度，東北也需要準備應付北朝鮮，加上越南也不甚友好，以及各地可能因為大規模戰爭引發的動亂，不可能全軍出動押在台灣上。正常來說，參與對台動武的主力，會是東部與南部戰區，而以東部戰區為主，其他地方會以支援的形式參加。

解放軍可以調度用來攻台的戰力

理論上，出動的陸軍以東部戰區的集團軍為主，總數約十三萬，各式裝甲車輛兩千台，火砲千門，以及直升機二百餘架。南部戰區雖有九萬左右的軍力，但不可能全軍協助，最多是一半，也就是加總東部戰區作為主力，以及其他地方的支援兵力。用在侵略台灣的陸軍總數，大概是二十萬上下，裝甲車輛三千台，火砲一千多門，直升機可達四百架。

會出動的海軍，一定是三大艦隊皆出動。東部戰區擁有最多艦艇，下轄的艦隊俗稱東海艦隊約一百多艘，其中可用於登陸的登陸艦目前有十七艘，以噸位區分，超過五千噸的飛彈驅逐艦有十多艘。北海艦隊包含遼寧號航空母艦也有百餘艘，包含十餘艘五千噸級飛彈驅逐艦，以及核子潛艇，與不到十艘的登陸艦。南海艦隊除了山東號航空母艦外，一樣有上百艘各式艦艇，同級的飛彈驅逐艦十餘艘，擁有最多的潛艇以及登陸艦。從編制就可以看出，東海艦隊的主要任務是防空與反艦，南海艦隊比較像是專業的登陸主力，北海艦隊則是介於兩者之間，大體上來說三支艦隊平均實力很接近。

空軍可以機場調度，考量戰區沒太多意義，比較重視的是國家全體的平衡。中國擁有足以構成威脅的先進戰機，殲10約三百多架，殲11與蘇愷27約四百架，殲16與蘇愷30約一百多架。其他實驗中的機種數量不足，可用在航空母艦的殲15仍在生產中，殲轟機7數量約一百多架，唯性能不足以擔負制空權爭奪，轟6等轟炸機則有兩百多架。考慮到對台不能全軍投入，中國實際上會用來對台作戰的數量，約為上述所列的一半。

準備，不是在目前既有的基地進行，像是解放軍新建的水門機場，號稱距離台北不到三百公里，開戰就具有壓制能力。但這反過來也代表，台灣要反擊也很近，正常軍隊不會把空軍部署在敵軍可以用飛彈與戰機攻擊的範圍，這太過危險，尤其是固定的油庫與彈藥庫，開戰前距離台灣太近的一定都撤走。

解放軍不可能設想台灣「絕對不開第一槍」，更不可能幻想「台灣都不會反擊」，不能確保台灣反擊力量消失之前，輕易的把三軍部署在台灣軍隊的攻擊範圍內，是非常愚蠢又危險的。

簡單說，除了目標是攻下金門馬祖的陸軍，其他的登陸部隊，集結點會在浙江以及廣東，絕不會選在廈門、福州作為大軍上船的港口。若考慮到台海海象登陸以春夏為佳的情況，順著黑潮支流北上速度較快，理想上集結點是要設在廣東。但浙江距離比較近，即便逆潮而行，整體時間並不會差太多，意即兩者皆有可能。

海軍則是必定要出航，不僅僅是要建立防空網，更是要找尋台灣艦隊加以殲滅，掌握制海權以保護未來的登陸戰順利。而戰爭情勢不會瞬間才產生，目前解放軍海軍的補給能力，要整支艦隊出航，油彈補給艦滿載之下，還是不能出航一個月不進港補給。所以最可能的劇本，北海艦隊只有遼寧號會帶滿飛彈驅逐艦，試圖突破宮古海峽抵達太平洋，其他小噸位驅逐艦，會跟東海艦隊合流，在台灣北方的東海海域展開。南海艦隊若要參加圍攻台灣東部的作戰，山東號就得穿越巴士海峽，勢必會帶上所有大噸位的飛彈驅逐艦以及潛艇，不然形成不了一個完整的航空母艦戰鬥群，戰略意義很低。這代表南海艦隊剩下的船隻，第一目標將是東沙群島，用大軍壓制後艦隊將會在台灣西南海域展開。

空軍則是必定遠離福建沿海，甚至浙江南部的機場，在台灣F－16取得對地攻擊能力，以及確定有天弓、雄風飛彈，還有改良的雷霆2000之下，貿然把高價戰機部署在海峽周邊太過危險。空軍會全數往後撤到浙江、江西、廣東甚至安徽等地，有較完整防空飛彈網保護的機場。

同理，俗稱二砲的導彈、火箭部隊，除了短程的機動發射車以外，其他的都會遠離台灣的攻擊範圍。

由解放軍的調動與部署便可以判斷是否發動戰爭

簡單說就是，解放軍若要動真格的對台作戰，我們從部署中就可以判斷一二。東部戰區的陸軍會開始離開駐紮地，除了防禦部隊外，攻擊部隊會往南北移動，而且登陸部隊的上船港附近將會開始徵用、興建簡易營區，或盡量在有空地的地方搭建營房。

海軍三支艦隊都會準備出港，空軍很明顯的不再把油彈送往靠近台灣的基地，盡量堆放在超過五百公里以上的後方。其中海軍最好拿來判斷攻擊時機，在航空母艦謠言篇已經大致提過，中國的航空母艦若要出擊，伴隨補給艦出港，以便能維持一個完整防空與對潛戰力的艦隊前提下，其實作戰時間不會超過一個月，半個月就很拚了。所以若中國打算進行航空母艦繞到台灣東部海域夾擊的戰術，可以想見出港後大約一周內即將進行認真的攻勢作戰。

所以，要做好這麼多確實的軍隊部署，還需要哪些準備工作？

答案是，彈藥工廠要加班，攜帶式軍糧要大量生產與運輸到前線儲存。解放軍要攻下台灣，陸軍的準備預估都是超過十萬人要登陸才行，中國的參謀從沒想過靠幾千人就打下台灣。這就代表，在遠離台灣數百公里的陸軍臨時營地，會開始堆放非常多的彈藥與糧食物資。也許會有人反駁，說解放軍就地補給就可以，這部分在後面將會一一解釋。

以上這些，在直攻台灣的前提下，準備時間不能超過三個月，台灣再怎樣遲緩，後備召集再怎樣不確實，知道中國想要玩真的，該開封的裝備都會開，退伍數年內的志願役士兵都會立刻回營。中國若拖得太久，登陸部隊面對的不是現役軍隊以及少量訓練忘光光的後備部隊，而是現役正規軍，與訓練度不差的後備旅，軍隊人數會倍增，攻略難度會提高不只一倍。

倘若是先打澎湖的模式，可以準備到快半年，那也是邊打邊準備，然後冒著台灣本島砲火的風險，持續送上補給物資到澎湖，需要準備的油、彈、增援部隊，都會是直攻的數倍量。解放軍不會假定，所有的補給物資都不會損毀，船隻都不會被擊沉。

所以，**作戰準備可以看出是玩真的還是玩假的**，倘若集結數萬大軍在福建，做一大堆登陸演習，這肯定不是想對台灣本島動武，打外島還比較有可能，更有可能是做做樣子。真的開打，全都在台灣射程內的登陸艦隊，會有多少存活率？

請不要料敵從寬習慣了，就以為解放軍真的會採用不怕死的路線，遇到反擊會死的是他的部隊，一個老百姓會害怕的，他要上場的會更怕。

十三、開戰初期

解放軍的第一個戰術手段，不用說就是「彈道飛彈」。若不先削弱一定程度的台灣海空力量，要正規地發起聯合作戰，逐步奪下台灣的制海制空權，依照不同的兵棋或是軍推，逐步奪下的時間大概都超過三個月；而且這還是給予中國彈道飛彈相當大優勢的兵推狀況，不給優待的話，超過半年的結果多得是。

依照台灣目前的正常召集狀況，以及庫藏的武器，半年足夠把近十年退伍的志願役全部召集回營訓練了。台灣後備骨幹全都整備好之後，等到開始對台進行登陸前的對地攻擊，解放軍要面對的部隊數量會從十五萬擴增到數倍以上。

爭取時間必用飛彈

是故解放軍要搶時間，就得要使用彈道飛彈與巡弋飛彈，並以最大速度從臨戰動員進入到上段的侵略攻擊。但不管是直攻還是先攻下澎湖，這中間的時間難以掌握。那是怎樣的時間難以掌握？

1、中國開始進行登陸部隊的大規模動員集結，台灣也會相對開始動員，登陸戰無法取得數量優勢。

2、中國將作戰艦隊整備，並做好出航準備，數量明顯超過演習跟一般任務需求，台灣也會做好相對應的出航準備。台灣國軍的特遣艦隊一旦進入太平洋，就會對打算夾攻台灣東部的解放軍航空母艦群構成極大威脅。而且屆時彈道飛彈只能攻擊港口，對短期艦隊決戰的艦隊本體無傷，更不能保障登陸艦隊的安全。

3、不預先整備，僅僅調度空軍，將對台進攻可用的現代化戰機轉調到可發起攻擊的機場，還得要準備足夠的油料跟彈藥，屆時台灣空軍也會做好作戰動員，空軍全部會就定位。日前演習做過的戰備跑道起降，相關部隊都會行動，在可能的範圍內分散風險，這也代表中國想要靠猝不及防的突襲摧毀台灣空防會更艱辛。

換句話講，只要中國開始動員超過一定程度，具備突襲危險性數量的部隊，台灣就會有所行動了。我們會沒有感覺過這種狀況，是因為這幾年中國從未準備真正要渡海總攻擊，最多是打外島的程度，而且在一般人都沒注意到的情況下，國軍都準備好到解放軍放棄了。這都還沒有把美軍為了避免中國誤判情勢、擦槍走火，而先行一步把航母艦隊部署在西太平洋的情況算在內，那會讓解放軍怎樣都無法裝作沒看到。

不管怎麼算，中國要達到渡海登陸，徹底奪下台灣的作戰能力，僅剩下彈道飛彈的海量攻擊，期望第一波攻勢可以盡量削弱台灣空防能量，好讓空軍可以接著執行制空權奪取，以及對地打擊的任務。接著殲滅台灣出海的海軍，並使陸軍盡可能損失重型裝備，才能保證登陸部隊上岸後，還有可以推進的能力。

飛彈的目標

這表示彈道飛彈或是巡弋飛彈要打擊的目標分為三大類：

1、軍事目標

2、電廠與變電所

3、重要橋梁與道路

首選目標絕對是軍事設施。挑民用設施攻擊，想要把台灣人嚇到投降，就不是正規攻擊，而是國際政治的豪賭，正常軍隊不會做這種事。而軍事目標的首選會是什麼？我們私下調查過，多數人認為第一波目標是空軍機場與油庫，還有防空飛彈的基地。真的一點都不意外。這表示多數台灣人腦筋還是清醒的，即使政治意識形態不同，還不至於幻想飛彈會對台北市住宅區無差別攻擊。

但其實首選不是機場等設施，而是之前蔡英文總統訪問過，等於被半公開的「樂山雷達站」。

樂山雷達站裝設有美國鋪路爪長程雷達，依照部署高度以及用雷達大小換算，可以偵測到三千公里外的目標。這意思是，中國擁有的中短程彈道飛彈，以及所有可以用來對台發動攻勢的戰機，全都處在起飛即監控的狀態。另外由於面臨巡弋飛彈的威脅，雷達站功能提升後被認為具有掃描台灣海峽的能力，不僅是空中，連海面艦艇也是出港即發現。

把上面這段話翻譯一下，就是台灣現狀對於中國的入侵戰爭，處在「開圖打」*的程度。解放軍若真想攻陷台灣，樂山雷達不摧毀，根本是做夢。（註：「開圖」是電玩遊戲術語，指玩戰爭遊戲時，我方可以看到地圖任何一個地方，敵人無所遁形。）

而樂山基地的地理位置，以及周邊的防衛，想要依靠特種部隊滲透，或是第五縱隊攻擊都是不可行的，僅有第一波使用彈道飛彈摧毀才是最快的辦法。而樂山附近也不是沒有防空準備，換算雷達站大小與防禦情況，解放軍要很確定鋪路爪長程雷達損毀，必定用超過防禦飽和能量的飛彈密度攻擊，也就是至少要用超過一百發以上的規模，幾乎可以確定第一波攻勢中超過一半的飛彈必須投入於此。他們不會賭一把，用理論最小值做攻擊——也就是說，用CEP換算以及發射愛國者飛彈防禦後的計算，理論上最小值是只要三十餘枚飛彈就可以擊毀。但僅僅這樣依照計算實在太不保險，正常來說，攻擊首選目標都得要提高到兩倍以上的飛彈攻擊數量。

樂山雷達的任務之一，也包括吸引第一波攻擊。依照彈道飛彈的速度，國軍會有至少五分鐘以上的預警時間。這足夠讓所有處在待命狀態的地面戰機緊急升空了，可以應付對於彈道飛彈攻勢後，可能隨之而來的第一批解放軍戰機。

當然，解放軍或許更頭痛的，會是駐紮於此的美軍。沒人敢打包票，美國會不會以此為藉口直接介入，形成戰爭初期解放軍就得要面對美國。即便如此，不摧毀樂山基地就對台灣開戰，形同自殺，根本沒有勝算。樂山還能夠監控海面，等於中國海軍出海後就在監控範圍內，腦袋正常的解放軍軍官不會不打。

我們當然不能假設美國就會立刻介入，所以第一波導彈攻勢，首選目標將會落在樂山以及如清泉崗等軍機場上。次要選擇，依序為防空飛彈基地、防砲部隊、重要政府機關、變電所。

但這個範圍太大了，依照現狀防空部隊的數量，以及單兵可攜帶的對空能力，要全部消滅是不可能的。中國所有的彈道飛彈，假設全部丟到台灣頭上，目前也做不到全數殲滅。理由很簡單，CEP跟威力不夠，以及飛彈升空後，台灣偵測到飛彈來襲，空軍就會緊急起飛，分散得夠多，彈道飛彈對於消滅空軍的能力就不足。

只要空軍升空迎敵的數量還夠，解放軍就不可能出動太多的對地攻擊機，空優戰機受限航程，必須要台灣守軍好幾倍的數量，才能保持連續不斷的優勢。但這又回到另一個問題，如果彈道飛彈對地面部隊的打擊不夠，解放軍可以輕易搶到空優嗎？顯然是不行。台灣的防空飛彈密度很高，別說是速度慢的轟炸機，高速的戰鬥機一樣生存率不高。

故彈道飛彈不先敲掉這些設施，就無法進行下一步，而這會遇到第一個困難，就是台灣的愛國者飛彈防禦網。依照目前台灣擁有的愛國者三型防空飛彈數量推估，解放軍前兩波的導彈會大半被攔截，至少得要到第三波之後才能確保戰果持續出現。

制空權爭奪戰

等到第三波以後的彈道飛彈攻勢，戰鼓已經擂響三個小時以上了，第二個困難就是解放軍要決定，是否要在此時投入空優戰機，爭奪台海的制空權。這個考量非常重要，搶奪制空權一定要先投入最精銳的先進戰機，以及最優秀的駕駛員，現實不是電動玩具，多數遊戲玩家總想保存精銳部隊，實際上可不能。遊戲玩家往往太擔心損失手上訓練很久裝備優良的精銳部隊，會先派出二線部隊，而讓精銳去做最後掃蕩。但現實戰爭卻是相反，必須精銳部隊先出動消滅大部分敵軍主力，等到後面掃蕩才不會損失慘重。

因為制空權不是「有」跟「無」兩種，還有分很多級（後面會詳述），總之，不用最強的戰力搶下天空，台灣空軍就會據守在本島上空，中國第二波戰機想要進入攻擊會非常困難。再說一次，空戰不是打電動，如戰棋遊戲一樣過去一架就是一架，要考慮進攻與飛彈發射角度，還有迴旋以及閃避空間。

萬一前三波的導彈攻勢沒有發揮預期效力，台灣防空能量依然充沛，派遣的精銳戰機就會在陸空夾擊下損失殆盡。飛機掉了還可以再買再造，菁英飛行員耗損是難以補回來的。在台海上空被擊落的駕駛員，跳傘是能逃生到哪？掉入大海等於溺死，在台灣著陸就會被抓，怎樣都是戰損。這引導出第三個問題，就是解放軍要怎樣確定攻擊成功？

使用衛星當然可以，但判讀需要時間，除非嚴重損毀到一眼就看出來的程度，不然你很難立刻換算出攻擊成功的比例。要依靠潛伏在台灣的第五縱隊則是非常困難，先不提開戰狀態下，這些台灣部隊周邊都會有陸軍駐守，第五縱隊要怎樣滲透到周邊而不被發現，實在困難重重。即便成功收集到資料，解放軍會對第五縱隊的情報百分百信任嗎？有無可能這名情報員其實已經被抓，傳遞回來的情資是假的，或是根本投靠台灣方面，誰敢保證？

因此國軍的兵推往往設定到，彈道飛彈攻勢完畢後還有一定的反擊能力，空軍被削弱很大的程度，但距離解放軍取得制空權，「連台灣自己兵推採料敵從寬都超過一到兩周」，所以那些路人甲說開打後導彈落地，戰機臨空就失去制空權的，鐵定是在鬼扯。

依照解放軍的中短程彈道飛彈數量，約在兩千枚上下估算，前三波打擊已經用掉至少六百枚以上，甚至超過七、八百枚。剩下一千多枚，目標會剩下哪些？

不確定損失程度的空軍基地 → 至少要再補打一波。

不確定是否失去戰力的防空部隊 → 至少要再補打一波。

不確定是否徹底損毀的雷達站 → 至少要再補打一波。

講白了，前三、四波不能保證摧毀的目標，至少都要再打一次，起碼又用掉一、兩百枚。剩下的才會開始針對重要的固定設施，如政府機關跟發電設備進行攻擊，但這幾波下來都開戰半天了，政府人員該離開的都離開，人民早就有斷電準備，心理震撼效果不高。

台灣的防空能量決定戰局

解放軍接下來就不會動用導彈了，因為全部打出去，先不論是否可以保證摧毀所有的台灣軍方重要設施，重點是他日發起正式渡海作戰，發現有需要快速攻擊的目標，總要留點彈藥。

更重要的是，中國必須留有儲備，就算不是為了對抗印度等其他國家，也要拿來預備對付台灣剩下的戰力。隨著戰事推進，會陸續發現台灣重要的防禦陣地，以及被偵照到的機動飛彈車，或是隱藏在高速公路附近的戰機加油車，甚至是台灣軍隊為了戰爭所臨時搭建的簡易油彈庫。

這種情況下為何不出動攻擊機、轟炸機就好，還是要用彈道飛彈呢？因為這些飛機數量有限，要拿去支援登陸作戰，倘若看到任何一個目標都要出動，從攻擊機出發到目標，國軍的機動車輛早跑遠了。白跑一趟也罷，就怕路上遇到陸軍的野戰防空武器，這些都對低飛的解放軍軍機構成高度威脅。要有效摧毀這些目標，使用導彈效率較好。只不過一個目標若太小，使用量就會很大，如果只是要打擊一個正在休息的機動飛彈連，保證消滅戰力，導彈至少要用掉數十枚，而要確保戰力減半，怎樣都要超過十枚以上。

換言之，解放軍無論如何，導彈使用超過千枚以後，怎樣都得要出動空軍，不能不保留一定數量的彈道飛彈在之後。若這波打擊居然還是連樂山都沒收拾掉（機率頗低），就是後面不用打了。隨著導彈攻勢的效能，往後才會開始進入到制空權爭奪的階段。

下一段戰事會相當複雜，因為台灣出海的特遣艦隊，已經進入太平洋海域，解放軍的航空母艦群則還沒通過水道，但數百艘大小艦艇會在台灣南北海域張開防空網，要讓台灣空軍的攻擊範圍限縮，並逐步收縮包圍，直到海軍可以靠近台灣陸地數十公里以內。

如果沒有做到這種程度，就送出登陸船團，皮薄血少的大型登陸艦，會變成台灣反艦飛彈的絕佳靶子，一旦大型登陸艦損失過大，中國的登陸計畫就可宣告失敗。因為若沒有依靠大型登陸艦把重型裝備送上岸，解放軍的陸地輕裝部隊必須用血肉搶下港口，不然就沒有其他辦法抵抗台灣陸軍。

不要說靠海空優就好，解放軍的艦艇不是設計來打擊陸地目標的，空軍僅有攻擊機與轟炸機，還有剩下的彈道飛彈可以用。除了持續削減還有反擊能力的空軍以及機動飛彈車外，還得分神攻擊反登陸的戰車與直升機部隊，壓力非常大。

所以無論如何，空軍出動必定是緊接彈道飛彈波狀攻勢之後，沒有其他可能。而此時台灣殘存多少防空能量，會決定之後所有的戰況。

為何這兩年軍談後，筆者都會聽到不同軍種的碎碎念，其實大家想的都一樣，三軍都想保有對空攻擊的能力，也就是分散彈道飛彈的打擊對象，中國沒那麼多飛彈可用，需要打擊的我方目標越多，相對越安全。打機場還可以退一步說用子母彈，讓跑道癱瘓半天，但已經足夠把防空車輛開到有地形跟鋼筋水泥掩護的陣地，彈道飛彈要擊中的機率就很低了。

國軍的因應	陸軍	海軍	空軍	共通
針對彈道飛彈	1.增加防禦陣地數量。 2.用鋼筋水泥加固重要設施。	1.艦隊及早出海避險。 2.港口可拆卸設備拆下保護。 3.預備更多的港口維修能量。	1.加固機堡。 2.增加跑道維修能量。 3.於各地臨時跑道周邊增設小型油彈補給地。	1.購買更多彈道導彈攔截設備。 2.分散式陣地與增加機動車輛。

十四、制空與制海權爭奪階段

彈道飛彈攻勢後爭奪制空制海權這段戰事會非常複雜，彼此環環相扣。制空與制海權不是有A就會進入B、發生了C就會產生D，會影響的因素非常非常多。大體上可以用下頁圖來表示。

下頁圖深色圓角方塊代表解放軍，淺色方塊是國軍，方塊左上的標誌代表軍種。這張圖的可以說明，會威脅解放軍的國軍部隊是哪些。解放軍的飛彈驅逐艦為何分成三塊，是跟射程有關。解放軍對空飛彈的射程約在四十至六十公里之內，若解放軍想要把船艦開到可以涵蓋台灣的地方，就必定會進入台灣陸軍的反艦飛彈射程內。但如果使用巡弋飛彈，則可以在數百公里之外攻擊陸軍目標，陸軍就沒有反制手段，但台灣空軍則可以，海軍看位置也可以。另外，戰鬥機在搶奪制空權時不大會飛到低空，因此陸軍的防砲車與刺針很難威脅，但對地攻擊機不低空就無法有效執行任務，就會成為目標。

彈道飛彈無敵論者會認為導彈掃一波，國軍所有這些防空跟反艦武器都消失，這不僅幻想過度也超乎現實。就以官方數據列出，國軍擁有上述武器多少數量，以及理論上彈道飛彈一波攻擊，會削弱多少程度，大致上是可以抓一個範圍，總之不會是全部被殲滅。

此外也要了解，目標有高價與低價，國軍的防空飛彈車與刺針飛彈，用彈道飛彈攻擊的性價比太低，這較適合由解放軍海軍艦艇在戰場中找到後，發射巡弋飛彈對付。

台灣的防空、反艦飛彈車輛，若加上野戰防空的配置可達數百台，而且車

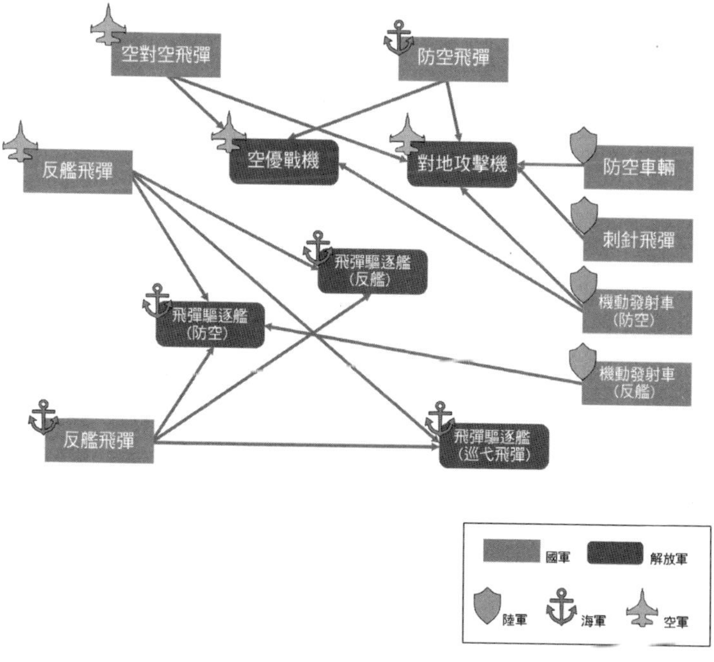

輛體積小，遠不如雷達站等固定目標大。簡單來看，解放軍的導彈就是不夠用，想要靠導彈徹底摧毀台灣的所有防空以及反艦系統，還想開戰後不到一天就搞定，是做夢。因為人會跑車會動，接近戰爭狀態下，國軍所有車輛都會處在隨時可以啟動的狀態。當探測到中國發射超過百發的導彈，意即正式開戰，車輛就會離開營區，進入陣地或是預定的位置，也或者是進入加固的防禦設施內，甚至只是開到鄉鎮的街道內，都會形成良好的掩蔽。

這代表中國的制空權奪取流程，在彈道飛彈發射前後的海空軍流程，大致上是要如下圖。如圖所示，得等到進入海空作戰開始前夕，才能發射彈道飛彈。這也說明，台灣要預測到大致的攻擊發起時間，實際上不怎麼困難。

圖示中的爆炸圖形表示解放軍進入台灣海空軍攻擊範圍，沒有道理都要打仗了，國軍會眼睜睜看著解放軍路過。

而第一、二波導彈差不多都過半小時以上了，國軍不

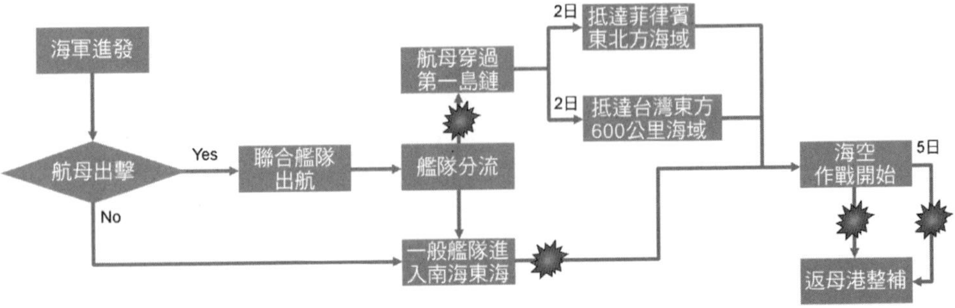

大可能還有死守原來陣地、堅持不開動的部隊。所謂的奇襲效果本就幾乎是零。更不要提依照優先順序，解放軍要開始出動空軍部隊時，很有可能國軍陸軍的防空車輛處在幾乎無損的狀態，再怎樣計算數量都不會低於八成。台灣海軍若進入太平洋，就是無法被攻擊，而解放軍要搶奪制空權，就必定會進入台灣周邊，也很有可能會進入海軍的射程範圍。

想要攻下台灣涵蓋範圍大與數量非常多的防空網，就不可能僅用空軍、不使用海軍作為側攻。因為單單使用空軍，會有攻擊路線的問題，講白話一點就是，解放軍不會把飛機直線飛過來，最短航程不會是戰鬥航程，實際的作戰半徑會比帳面上的短。同樣的道理，只要台灣空軍還有戰機升空迎擊，解放軍的戰機就不可能採取直飛的可能，大致的概念如下圖。

除非是隱形戰機才會歪曲，但整體大致是直線地飛到

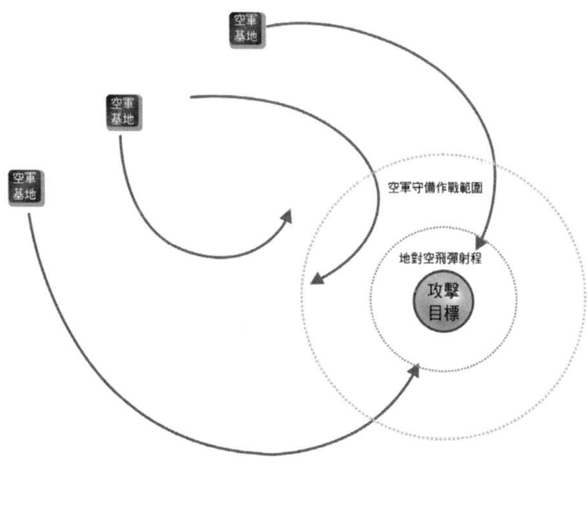

敵軍上空：現代戰機得考慮飛彈的射擊角度，以及自己迴避的戰術空間，怎樣都不會採取直線飛行。此外，台灣是海島，解放軍的空軍基地再怎樣都在兩百公里以外，起飛後要整隊然後朝著目標出發，大體上是要繞一個弧飛行，至少進入台灣防守範圍前就不能直飛了。而很「可惜」的是，台灣的防空範圍基本上涵蓋全部台灣海峽，台灣空軍要躲到中國雷達偵測範圍以外的偏東邊並不難，而且防守方要降落加油的時間一定比攻擊方少。

就算犧牲作戰時間，繞道台灣偏東北與東南側，朝西南或西北作為進攻角度，依照台灣海軍出港後進入太平洋的時間，幾乎可以確定頭幾批搶奪制空權的解放軍戰機，都會被台灣海軍攻擊範圍涵蓋到。就算換個角度，中國出動空軍要先一步殲滅台灣海軍，繞行台灣南北側，也會進入本島的防空圈內，或是被台灣的戰機側攻。

航空母艦艦隊面臨的限制

在前一部破除常見的攻台軍事謠言的篇章裡，我們稍微提到了遼寧號的作戰時間，在此我們會加以解釋，為何航空母艦的作戰限制比想像的要多很多。

首先，航空母艦出航會編制成艦隊群，依照官方公布的資料，可以想見目前解放軍兩艘航母出航，想要真的抵達台灣東方進行有威脅性的作戰，艦艇數會達到數十艘以上，甚至迫近百艘。理由很簡單，穿過宮古海峽或是巴士海峽，遇到台灣三軍的截擊，照台灣現有的飛彈數量，若沒有龐大的防空網保護，航母艦隊被殲滅的可能性極高。

數十艘艦艇組成的艦隊，其生命線維繫在「補給艦」上，依照中國官方資料，可以跟著走的補給艦只會有兩艘。這不是筆者在唱衰解放軍，而是一個很基本的「速度」觀念，中國補給艦的船速目前只有901型可達二十五節，其他的都在十五節上下，假設艦隊要快速通過巴士海峽，減少被台灣側攻的危險，一定會在進入海峽前開始全速前進，最少要八小時才能確保已經逐漸脫離熱區。

解放軍不可能為了多帶幾艘補給艦，讓艦隊通過巴士海峽的時間拉長到快十六小時。這也代表真的可以跟到太平洋的，也就901型兩艘，攜帶的重油預估可以補給兩萬五千至三萬噸。遼寧號宣稱可以作戰一個半月，其實是把補給艦的量算進去，不然依照俄國庫茲涅佐夫號的資料，鍋爐全開的狀況下只能高速前進五天，換算成巡航速度，也不會超過兩周，加上萬噸的重油補給，才可以持續作戰超過一個月。

更何況，這兩艘補給艦是要補給全艦隊數十艘艦艇，不是只管航母，這勢必進一步壓縮作戰時間。

換言之，航空母艦的增壓時間就是那五日，延長最多到十日，再不返港就會出大問題。一般艦隊製造的壓力，也是要面對整補困境。這都是建立在台灣艦隊沒有出港的前提下，如果台灣海軍艦隊出航，狀況就會完全不一樣。反過來講，在航母戰術的施行下，台灣要計算出最大攻擊規模的時間，也差不多推得出來。

解放軍在此會陷入困境，若要維持航母的空中壓力，就得要減少護衛艦艇的數量，讓補給艦專注於航母上。但這樣做的後果，就是防空圈縮小，偵察手段也變少，艦隊整體防護力也降低，台灣要殲滅這支艦隊所需的戰力就不用太高。而將作戰能力提高的結果，就是補給跟不上，整支艦隊作戰不到數日，就面臨是否要返航的選擇，再次穿過危險的海峽。

航母攻台的危機不是只有台灣要面對，在軍事上受到的威脅，解放軍面對的也是一樣。

哪裡一樣？台灣海軍是有長程對艦飛彈的，而且艦隊的防空與對潛能力都算很不錯，中國的航母群想利用潛艇進行前哨防禦，困難度也不低。因為這是進攻作戰，台灣幾乎都猜得到解放軍會在哪些位置上出沒，潛艇若是在進入太平洋前就被台灣抓到，基本上就是完蛋。所以與其說是潛艇護航航空母艦，反過來說還比較接近真實。

雙方的條件都差不多，但有一個很決定性的因素，那就是出海後進入太平洋海域，解放軍有夠遠的基地，可以探測到台灣艦隊嗎？實際上就是沒有。西太平洋國家幾乎都是台灣潛在的軍事盟友，菲律賓就不說了，美日會出賣這個情報給中國嗎？不要鬧了，台灣海軍實際上就跟美國第七艦隊分遣隊差不多，是要砸自己腳嗎？還不如說解放軍想要徹底避開美日等台灣盟友的監視，能選擇的路線跟作戰區域就很小了。

這代表的意思很簡單，中國想要發動對台登陸前的海空作戰，會受限於自己欠缺大海的監控能力而吃極大的虧。進入太平洋的艦隊，僅能依靠自己的艦隊偵蒐能力，或是中國國造的預警機。但中國國造預警機不但數量少，性能也普普，解放軍自己都不會過度期待。

很多人會覺得筆者是不是看不起解放軍？並不是，因為台灣有陸地支援，預警機的使用條件相對寬鬆，而且可以在陸空防禦下進行一定距離外的監控，實際上就是把對太平洋的偵察範圍擴大。但解放軍要在航空母艦上使用預警機，數量就是那一兩架，掉了就是沒了。即便發現台灣艦隊出現在航母一定的距離外，艦載機全軍出動，有辦法摧毀掉我們的海軍嗎？

坦白說沒有。對艦攻擊機的數量不夠多是一個原因，更大的問題是把攻擊能量耗費在台灣艦隊上，就失去威脅台灣東部的能力。即便做了有效打擊，也不可能損失極微，接著後面就得要立刻返航，路程一樣要面對進入戰爭狀態的台灣周邊，而且是面對幾乎無損的本島空防能量。

不要把大海當成陸地，到處都有基地台。設想你是一個解放軍海軍艦長，在通訊緘默下，除了要擔心不知道在哪裡的台灣艦隊，還有確定會來找你的台灣空軍，以及不確定會不會找你麻煩的美國第七艦隊與日本海上自衛隊，然後最近的本國港口在一千公里外，出了什麼事回家至少要兩天（開全速），其中有一天將會進入台灣本島的攻擊範圍。

飛彈的射程

在這裡，有一種說法對一般人似乎很有說服力，對一些軍宅來說也像是定理，導致制空權爭奪變成小學數學的問題。這種說法就是對於飛彈的射程有很直覺的理解，認為射程一百公里，就代表飛機飛到一百公里內就可以擊落，這應該是回合制戰旗遊戲的印象太強烈所致。

實際上並不是這樣。以下用較簡略的方式解釋，為了說明方便，簡化了不少地方，希望可以簡單地傳達概念。

空戰跟飛彈的好朋友也是敵人，叫作「重力」。而在空戰中搶高度是很重要的，像是國軍的幻象2000與F－16、IDF，擔負不同空層的任務，簡單圖示如下。

差別在哪？這涉及飛彈發射的仰角與俯角，飛彈的最大射程跟實際射程，差距還是有的，而且可能差很多。（註：以下計算僅用到中學理化，不考慮空氣

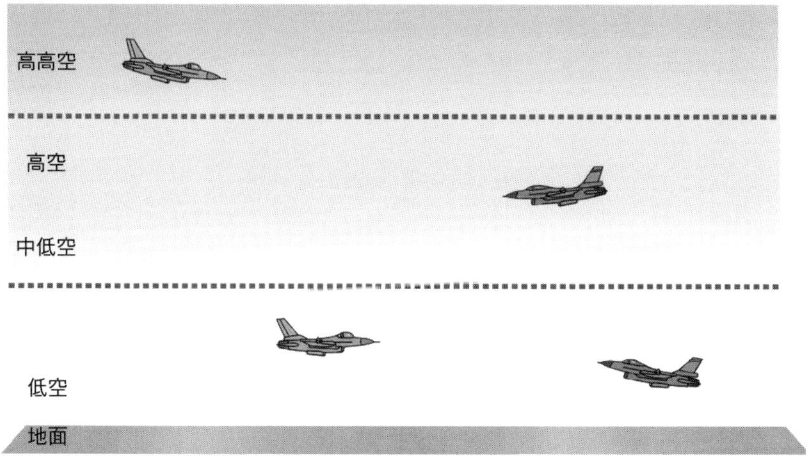

動力學等參數，單純數值化便於理解，實際狀況也不會與下列計算差距太大。）

下頁圖所示的四種情況，分別為：

①戰機水平發射飛彈；

②敵機在高度較低的狀況，以飛彈俯角攻擊；

③敵機在高度較高的狀況，以飛彈仰角攻擊；

④從地面發射車以同樣角度向空中射擊。

並假設四種情況的飛彈全部都是同一型號，性能完全一致沒有差別。

情況①，假設飛彈射速極限二馬赫，飛機速度一馬赫，在此狀態下射出的飛彈加速到極速三馬赫，水平飛行了七公里。

在此案例說明中，假設沒有風的影響，重力加速度以 $10\ m/s^2$ 計算，飛彈油料只能飛三十秒，額外爬升一百公尺，得要多消耗一秒的油料，且不考慮突破音速時的各種問題，只是純粹讓讀者了解不同射擊方式的差異。（註：簡化是為了幫助上手，請讀者諒解這種很不精確的描述法。）

那麼我們可以看到，俯角射擊由於不需要爬升，所以飛行三十秒後加上重力幫忙，可以得到終端速度三．一二馬赫，飛行水平距離三十七公里，重力幫忙降低了三百公尺的高度。（情況②）

但若是仰角射擊，要抬高同樣的高度三百公尺，飛行時間剩下二十七秒，又因為水平極速是三馬赫，想要往上攀升就得要把部分燃料耗在爬升，水平速度會下降，就抓以上數字換算約損失一成速度，水平速度變成二．七馬赫。我們可以看到，水平飛行距離三一．三公里。（情況③）

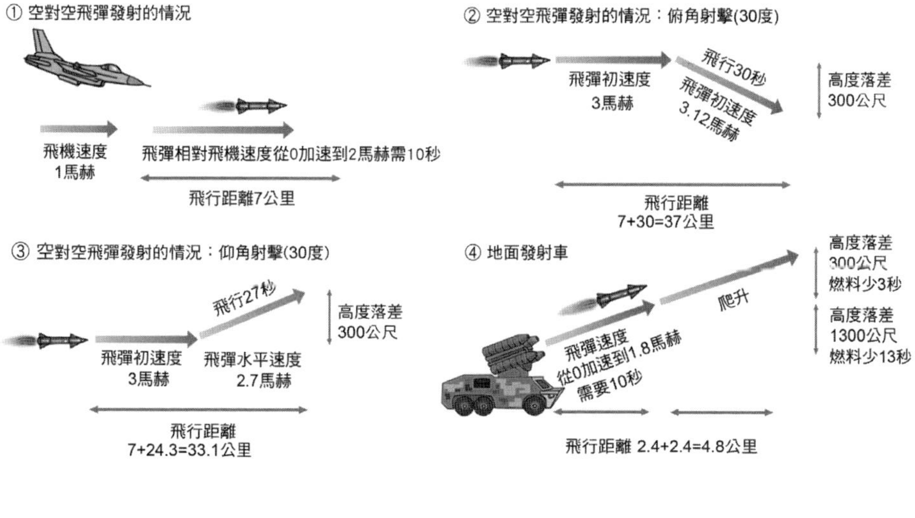

很明顯的，兩架戰機面對面，搶到更高層的高度，會有更大的優勢，俯角射擊的速度會更快，距離會更遠，仰角則是完全相反。若從地面發射車，狀況更慘，因為從頭到尾都要抵抗地球重力，所以只能水平飛行四．八公里，高度爬升一．六公里。（情況④）

這也是為何地對空飛彈總是比空對空飛彈大顆的理由，不然沒有足夠燃料，加速度跟射程都不夠，完全構不成空中戰機的威脅。當然實際狀況非常複雜，這只是透過簡化過的物理運動學，解釋「射程」並不是想像中的單純。

那麼為何戰機要搶高度？因為俯角射擊有優勢，飛彈往下飛行的過程，重力就可以幫忙加速到接近音速，再交由飛彈的後燃器突破音速。反之，仰角射擊若要維持一定的速度，油料就會消耗得特別快，射程就會比帳面上的少很多。所以即使中國解放軍部署了S-400，號稱射程涵蓋台海的防空飛彈，實際上不是真的四百公里內都是獵殺範圍。

防空飛彈為何叫作防空，而不是制空飛彈？這本身就是被動的意思，代表其所設計的是攻擊朝我方飛來的飛機。因為正對面的相對速度較快，飛彈發射後正面衝上去，飛機要閃躲就比較困難。若是等戰機飛越後由後方追射上去，就變成像是開車追另一台車的感覺，若飛彈本身加速度不夠，就會被戰機甩掉。我們的意思很簡單，即便中國有帳面上涵蓋台灣的防空飛彈，也不是說台灣飛機根本不能飛在空中。

就拿維基百科上的資料來計算，S-400的遠程速度可達一一．三馬赫計算，換算為每秒三．八四公里，假設安置在福建省距離台灣兩百公里的地方，發現國軍戰機升空後發射飛彈，加速段就先不管，就當作全程極速飛行，飛彈距離我空軍戰機的飛行時間就是五十二秒，這還是戰機不會動的狀況。

飛彈的引導機制

看到這邊，我們希望破除一個概念，飛彈不是發射了就立刻命中，距離越遠越久，動輒花上幾十秒，戰機要擺脫這枚上百公里外的飛彈，方法多得是。另一個要解釋的概念，就是飛彈的導引模式，這類對空飛彈，通常分為「主動導引」與「半主動導引」，簡單來說大致上的概念就是：

A、主動雷達導引飛彈——利用飛彈上的雷達標定敵機，主動追蹤雷達回波，朝向敵機前進。

B、半主動雷達導引飛彈——用飛機或地面雷達車發射訊號，飛彈接收雷達回波，比對資料確認敵機，朝向敵機飛去。

意即，主動導引飛彈是飛彈自己去追目標，半主動導引飛彈是接收其他雷達提供的訊息去追目標。因為主動導引的有效距離不長，一般長程飛彈都是半主動導引，到一定距離後再切換成

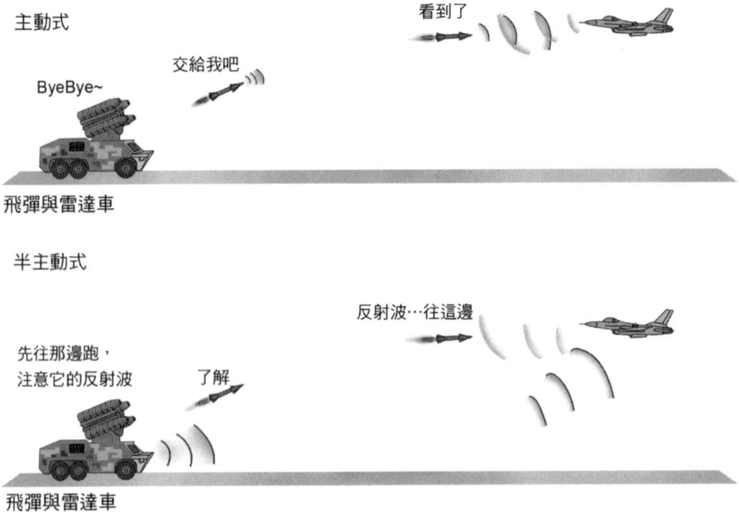
主動式
看到了
交給我吧
ByeBye~
飛彈與雷達車
半主動式
反射波…往這邊
先往那邊跑，
注意它的反射波
了解
飛彈與雷達車

主動雷達導引飛彈：雷達標定目標（飛機）後，後半段就可以交給飛彈自己去找追蹤目標。

半主動雷達導引飛彈：地面雷達必須一直追著目標（飛機）發射雷達波，讓飛彈接收雷達反射波來追蹤。

主動導引到目標。當然這種說法省略很多技術，在此只是要說明，飛彈不是發射後就會像電影一樣，在街道內鑽來鑽去追殺千里，根本不是如此。

為何說地形很重要？我們把圖示裡加上一座山，就會發現問題了。主動式還可以自己去找目標，半主動導引會因為地形導致失去信號，飛彈還沒追到目標前，丟失信號後不知道去哪，俗稱「脫鎖」，此枚飛彈就等於失效。

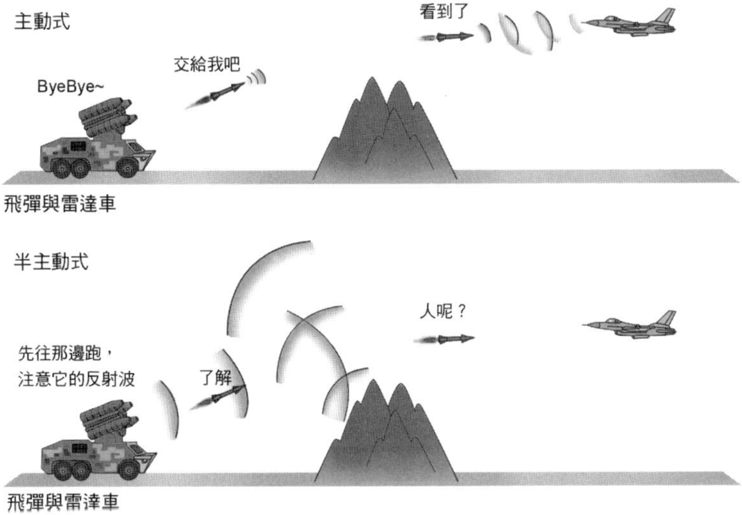
主動式
看到了
交給我吧
ByeBye~
飛彈與雷達車
半主動式
人呢？
先往那邊跑，
注意它的反射波
了解
飛彈與雷達車

半主動雷達導引飛彈：地面雷達波受到山脈阻擋，無法順利一直追著目標，因此飛彈無法收到雷達波碰到目標後的反射波來鎖定。

換句話說，台灣的巨大優勢就是中央山脈。國軍的戰機發現很遠的地方就有飛彈來襲，十之八九都是半導引式，除了飛到低空給山脈遮蔽，另一個辦法就是用大角度甩開雷達掃描，飛彈一段時間找不到信號，還是會脫鎖。主動式雷達導引也是類似，雖說搶奪制空權會很需要搶高度，但面對這種幾百公里外的飛彈，其實不構成威脅。

構成威脅的叫作獵殺區，也就是若台灣空軍進入較靠近中國的空域，此時防空飛彈的擊中時間變短，加上跟解放軍纏鬥，會非常容易為了爭奪高度與空域，進入解放軍防空飛彈命中時間較短的區域中。所謂的要耗損台灣戰機，指的是這種運用空軍戰術，把台灣戰機引誘到這些地方，不是直直飛一台過來交換，沒有人這樣打空戰的。

但獵殺區的變化是動態的，不是一條固定界線在那，會隨著空中的掌握度，不同戰機的最適合高度，以及飛彈的種類，產生很複雜的變化。唯一可以確定的是，敵機越靠近我方，我方獵殺區範圍會越大，說白了就是作為進攻方，解放軍遠較國軍容易被擊落。

所以，中國買S-400防空飛彈是為了要把台灣海峽上空變成自己暢通無阻的空域嗎？我們會害怕中國空襲台灣軍事基地，難道中國就不怕台灣反過來攻擊嗎？買了一堆高價戰機跟昂貴的登陸艦，結果沒有被防空飛彈保護，直接被台灣空軍就炸光，天底下沒這麼蠢的軍事指揮。

解放軍航母艦隊的方案

前段也說過，台灣的地理位置，幾乎注定光單純使用空軍，就可以預測到幾乎所有的攻擊路線。想要增加台灣空防的壓力，就得要併用海軍，把台灣的對外防禦能量打散到周邊。只要有一艘艦隊可能出現在東沙到巴士海峽海域，就等同我方空軍要把那邊當作危險空域，或是增加一個攻擊目標，運用航空母艦到太平洋也是一樣的意思。

本質上是要增壓，不是航空母艦去了太平洋，台灣東部就失守。而中國的航空母艦航程大概不到十天，要油彈補給艦隨行才可以延長。先前說過中國航空母艦的帳面上戰機，最大就是六十架，依照作戰半徑跟可攜帶彈藥考量整體重量，中國要有效地使用航空母艦，就只有兩個方案可以選擇。

一個是進入美軍嘉手納基地的攻擊範圍，在台灣的東方偏北海面上，距離較短，不攜帶補給艦可以多撐個一天。或者是繞到台灣東南、菲律賓東北方海域，距離略長但整體風險降低，但作戰半徑又會少一些。不管在哪裡，艦載機的數量就是那麼多，而且從飛機前來攻擊的方向便可以猜出航艦現在的大致位置，如果國軍擊落的艦載機數量夠多，航空母艦就是高價值又低風險的目標。

而且依照時間計算，台灣的特遣艦隊此時的位置會處在比中國航空母艦更靠東邊的位置，換句話說是誰夾擊誰還不知道。此時台灣海軍已經徹底脫離中國陸基空軍的攻擊範圍，就算被偵測到位置，解放軍也只能選擇用命中率極低的彈道飛彈，以及冒著航母艦隊被發現的風險，先一步發動攻擊，但這會受限於射程。航空母艦的艦載機航程遠但數量不足以突破台灣艦隊的防空網，使用反艦飛彈互丟，那就是比交換率，單純計算雙方反艦飛彈的數量，以及防禦系統的優劣。最可能狀況是，台灣這支特遣艦隊損失超過七成，但中國兩艘航空母艦以及艦隊群被殲滅，只剩下少量潛艇生存。這對台灣來說，雖然很殘酷但卻是很划算的交易。

簡單來說，解放軍的頭幾波精銳空優戰機，會面對的是不確定位置的台灣海軍防空網，以及確定存活極多的陸地防空飛彈網，還有已經在台灣上空先行占據有利中、高位置的F－16與幻象2000。即便使用機海戰術，不在乎駕駛員傷亡的強攻，想要奪下制空權仍然不容易。這理由很簡單，台灣駕駛員被擊落可以跳傘，只要還有戰機可開，幾小時內就能回歸戰場，中國可沒辦法，精銳駕駛損失一個就是一個。

幾波攻勢交換，台灣的空軍會被削減到不足百架，而中國的先進戰機，為了要打掉台灣兩百多架戰機，會付出二至三倍的犧牲。別忘了台灣的地對空飛彈超過千枚，無論短程中程，涵蓋範圍太大，可以當作進入本島周邊一百公里，就在射程範圍內。這代表解放軍若要採取這種策略，先進戰機會全部損失掉，僅剩下上一代的Su-27與J-10等級，這種情況下要得到完全制空權是不可能的。

制空權的幾種區分

在此，談一下制空權的概念。根據我們詢問與調查的結果，不少人對制空權的想像，就是擁有制空權者，飛機可以來去自如，想怎樣打擊地面就怎樣打，地面部隊則是連機動都不行。但實際上近三十年來的各種大小戰爭，唯一可以做到如此徹底的完全制空權，僅有北約轟炸塞爾維亞。

在此不提專業的分層，僅用口語化的方式來區分，以便大家快速了解，可以馬上破解所謂「解放軍拿到制空權，台灣陸軍就無生存性」的謠言。

說白了，制空權指的是在一定時間內，對這塊空域有著絕對的掌握。但不代表有掌握，就能為所欲為，陸軍會在這時候躲起來，等你離開再移動，殘存的空軍也會這樣做。而要拿到完全制空權為何那麼難？我們做個簡單的計算就可知道，假設一架解放軍戰機的滯空時間是二小時，一個中隊是四架，可以監控整個台灣上空，不讓任何飛機出現，還能夠保護伴隨的攻擊機找尋地面目標。費神費力不論，為了安全，在北中南各需要一個中隊，就是4×3＝12，要完全制空代表二十四小時都要有戰機在上空，12×24 hrs / 2 hrs＝144架次。

這還是一百四十四架完全不會損失的情況，假設台灣還有反擊能力，每天都會造成一成的傷害，一周七天就等於多掉了一百架，意即中國得要準備二百五十架以上的空優戰機才能做到。若在戰爭初期，先進戰機跟菁英駕駛員損失太多，靠性能較差的戰機以及經驗不足的飛行員，別說是完全制空權

	敵方陸軍	敵方空軍
完全制空權	幾乎喪失所有機動性，離開掩蔽不久就被擊毀。	起飛即擊墜，完全無法起降，形同被殲滅。
部分制空權——常時壓制	擁有一定機動性，仍可反擊空中攻擊，但損失會很大。	仍有起飛的空間，可以牽制或埋伏，但無法正面對決。
部分制空權——時段壓制	在制空時段不能機動，但非制空時段可以移動。	在非制空時段可以起飛，但於制空時段則會迫於實力落差太大而返航躲避。

了，連部分制空權都可能沒有。

由於要攻擊到台灣地面所有威脅性部隊都被消滅太難，所以解放軍不會把目標放在常時壓制。在損失過多飛行員的情況下，要維持比優秀駕駛更多的架次與數量，準備更多的戰損補充，還要二十四小時控制台灣天空，等於剛剛那個一百四十四架次要翻好幾倍。如果不這麼做，那麼台灣殘存的空軍就可能趁亂收復天空，解放軍得要重新再發動一次大攻勢。這不如維持時段的制空權，例如白天比較安全的階段，出動規模龐大的機隊，採用數量壓制台灣的防空能力，不計犧牲的去攻擊。

這其實變成一種雞生蛋、蛋生雞的問題。

如果頭幾波制空權搶奪，出動太多的菁英跟先進戰機，那麼日後要維持台灣上空的制空權，得要用更大比例的消耗，出動更多次級戰機，寶貴的攻擊機損失會很嚴重。但如果出動一半的精銳，其他的混編上一代的戰機，刻意保留先進戰機不出動的結果，可能是喪失寶貴時間，制空權從一至二周獲得，變成一個月都拿不下來。此時太平洋上的航空母艦若還生存，早就返航去了，遲遲未獲得制空權，發動不了下一步作戰，中國的民心士氣會降得更快。

以上都沒討論到艦艇配合作戰的問題，因為情況會更加複雜。在不討論台灣特遣艦隊是否會埋伏的前提下，解放軍想要海空聯合打擊同樣困難重重。這原因在於，單純針對台灣的空防與陸地防禦設施，解放軍海軍的艦艇只有巡弋飛彈可以在很遠的地方發動攻擊（但根據官方資料顯示，目前換裝巡弋飛彈的艦艇很少），但問題是車子會跑，只要跑到周邊有加固的碉堡內，幾乎沒有辦法摧毀。

總之，中國想要讓海軍張開一個防空網，就有幾個困難要解決：第一個困難是，如果距離台灣太遠，台灣戰機本就不會飛到那邊去，那就失去意義。反之太過接近，則會進入反艦飛彈射程內，除非先把台灣的雷達全部敲掉，不然別說靠岸，靠近一百公里就會被密集飛彈擊沉。而要先打掉雷達，國軍在固定雷達站都有防空設施，想靠導彈一波收掉有難度，使用攻擊機強攻會損失不小。

第二個困難是，即使台灣的固定雷達與飛彈基地都被摧毀，機動車輛還是很難掌握行蹤。船隻的航速跟車速不能比，更不要說是飛彈，一旦靠近到一百公里內，車載雷達都可以搜索的範圍，解放軍船艦一樣生存率大減。而台灣目前擁有超過一百公里以上射程的車載反艦飛彈超過三百發，若把之前傳言的雄三發射車的生產算進去，多拖一年就是多一百發以上。要擊沉離岸二十至一百公里內的解放軍飛彈驅逐艦，從發射到擊中，雄二需要約七十秒到六分半鐘，雄三則是十七秒到二分鐘，先不管解放軍是否有極為精準的反飛彈能力，光是艦上官兵的心理壓力就很恐怖了。

但如果不把船艦開到離本島夠近，就無法協助空軍壓制台灣空中戰力，開得太近則會損失得很快。而且，一旦解放軍失去太多船艦，形同打開一條海上走廊，台灣空軍也是可以從走廊反擊。假設登陸艦隊正在苦苦等候進攻時機，此時失去太多船艦，還可能被台灣空軍襲擊，後面就都不用討論了。

台灣空防增壓的問題

沒有制空權，失去制海權，登陸作戰就不可能開展，這也是為何「正經」的兵推，都是預設中國要花一到三個月以上，才能得到部分的制空權理由。因為不計死傷的強攻，中國吃不起這種損耗，一旦超過臨界點，登陸作戰就不用發起了。而要避免這個問題，就得要保守的進攻，例如一次三到四個空軍中隊跟台灣的戰機在台海周邊纏鬥，依靠戰術以及較多的輪替次數，銷磨台灣空軍實力。同時海軍也是慢慢收縮包圍網，邊收縮邊敲掉台灣的陸地飛彈系統，直到確定離岸不會太危險，損失可以承擔為止。

台灣要如何解決這個空防增壓的問題？就是台灣長年發展的對艦與對空飛彈系

列，理由非常好懂，一旦射程變得更遠一點，解放軍的海空軍實際上可以活動的範圍，以及攻擊角度的選擇就更少。美國軍情單位逼台灣買魚叉反艦飛彈，其實著眼點是在預防萬一，萬一美國換總統後來個默許中國航空母艦通過，那麼空射型魚叉可以解決大半的問題。以解放軍的立場來看，艦隊空防範圍就那麼大，能夠對抗台灣可在空防外攻擊的對艦機隊，就只有艦載機的保護，損失過大形同整支艦隊進入被殲滅的境界，怎樣都不可能六十架艦載機傾巢而出，最少要保有一半的護航能力，不然連返航整備都做不到。

大家請不要把電影情節當作現實，更不要電動打多了以為戰爭就是回合制遊戲。在現實世界裡，進攻方需要考慮比防守方更多的問題，尤其是中國並不能投入全國全部的力量在台灣上。極端一點來說，若中國全軍壓在東南沿海，結果印度吃定你，把大軍開到西藏上去，北京該怎麼辦？誰能保證俄羅斯不會趁火打劫，派軍到邊界施壓北京吞下其他外交條件？

我們知道，大家一定說要料敵從寬，不能假設其他國家會幫忙。但我們也要知道，解放軍也不會假設自己的攻擊命中率都百分之百，大膽地以為台灣的草莓兵連掃地都不會。

我們還見過有某些謠言論者，看到台灣雄三飛彈跟魚叉飛彈的性能，就開始吹噓中國有強大的反飛彈能力，針對國內任何正面看待反艦飛彈的說法，譏諷為反艦飛彈無敵論。好像去吹捧中國的彈道飛彈就是合理的，而台灣不僅不能捧自己，連持平敘述事實，都要被打成綠營大外宣。事實是什麼？反艦飛彈對中小型國家而言就真的性價比超高，沒有一定程度的艦隊防禦網根本無法應付。不然全世界都在發展，都在到處買飛彈是做心酸的嗎？

我們常會在政論節目看到各種對於戰情的分析，這些節目為了要收視率，題目通常會很聳動，上節目的國關教授

<table>
<tr><th>國軍的因應</th><th>陸軍</th><th>海軍</th><th>空軍</th><th>共通</th></tr>
<tr><td>針對：
戰鬥機</td><td>增加機動防空飛彈。</td><td rowspan="2">1.進入太平洋台灣東部海域。
2.保持機動並張開防禦網。</td><td rowspan="2">1.購買戰機。
2.增升級既有戰機。</td><td>增設防空部隊。</td></tr>
<tr><td>針對：
對地攻擊機</td><td>1.加強中低空防空系統。
2.購買肩射刺針飛彈。</td><td>分散式陣地與增加機動車輛。</td></tr>
<tr><td>針對：
飛彈驅逐艦</td><td>1.車載型反艦飛彈。
2.機動雷達。</td><td>光六快艇突襲戰術。</td><td>空射型對艦飛彈。</td><td>雄二增程計畫。</td></tr>
</table>

多半對武器概念的背後意義了解極少，而軍事專家大都只熟特定項目，而且名嘴們為了知名度、維持通告頻率常常配合節目走向。更不要說意識形態作祟，幫中國大外宣的那種電視台的言論。而這些反論，就會把任何說出實況的，貼上仇中與親綠標籤。實況就是物理定律不會變，空間與時間擺在那，都是可以用客觀物理知識檢驗的。

十五、登陸強攻階段

在上個階段中，我們可以發現解放軍若想要勝利，就不可期待等到奪得完全制空與制海權，考量到艦艇的補給能力，維持一定程度的防空圈，勢必不會傾巢而出，必須保有輪調的空間，空軍也是相同的情況。

解放軍只有初期會不計海空軍損失來強攻以爭取時間，讓登陸部隊而臨較少的台灣守軍，但此時已不能期待海空軍可以持續提供有效的壓制能力，必須在較少守軍但重裝備較齊全的情況下發動攻勢。這代表剩下的解放軍海空軍都得繼續投入，不然連上岸都上不去。又或者，花數個月時間慢慢收縮對台的包圍，逐步敲掉台灣陸軍的重型裝備，好讓登陸部隊面對較少的火力。但這卻會遇到後備召集完整的數十個步兵旅，登陸部隊面對的是火力較少但數量龐大難以推進的守備線。

搶灘登陸與港口保衛戰

通常，除了習慣料敵從寬，便於找出我軍弱點，以及跟立法院要經費的國防部，其他國家的智庫、民間團體做兵推，大概都只會給予解放軍剩下不到半年時間，多半是三個多月，然後可以登陸的總兵力從沒有超出十萬過。理由非常簡單，給予解放軍登陸艦的損失優待，每一波八成的存活率，依照等比級數遞減，三至五波後就可以視同沒有下一波了。是故所有的劇本，都是要搶下港口，沒有直攻台北市殺光政客就勝利的版本，在民主台灣到處都是民選首長的情況下，備位元首跟政府候補人選太多了。

搶下港口後需要整備，還需要清掉周邊至少數十公里範圍的安全線，不然現代武器要在十餘公里外摧毀皮薄的運輸艦，或是改裝的運兵商船，都不是太困難的事情。萬一摧毀的船正好在靠港中，擋住後面所有的支援，那解放軍登陸部隊可是笑不出來。

而且，數年前台灣還有十四個適合登陸的點，現在大概只剩下五到八個。除了海岸水泥化的問題，還得考慮海灘後面的城鎮狀況，以及對外的進攻路線。故想要正格的對台發動登陸戰，顯然要先敲掉所有防禦，否則突襲的風險太大。削弱國軍的防禦要到一定程度後發動渡海登陸，才能保證支援部隊可以協助登陸的陸軍攻下港口，後續準備好的重裝備才能上岸。不然別說是未來的M1坦克，光是現在的M60坦克就可以輾壓所有輕裝解放軍部隊。

這也說明，無論中國使用何種辦法，想要集結數萬大軍，動用所有海軍跟一半的空軍進行對台侵略，國軍不可能處在猝不及防的狀態。一定全軍進入戰備狀態，後備部隊召集中或是已經部分召集完畢，解放軍不可能用突襲的思維想像對付所有的台灣軍隊。

可以對抗台灣陸軍裝備的方法，大概就是個人攜帶式的單兵火箭、飛彈，中國也不是沒有這類東西。但使用單兵火箭等武器擊毀坦克聽來很簡單，執行起來是很困難的，進攻方不是防守方，強攻上岸的解放軍看到的是斷垣殘壁，水泥叢林中隨時會遇到埋伏的部隊，以及躲在民宅或是藏身巷道中的坦克。實戰不像電動裡士兵拿出武器、按下開關，這台坦克就爆了。

最佳辦法還是用直升機或是空軍。畢竟第一波登陸部隊，是不能有太高耗損的，損失太重到建立不了防線，不用一天，台灣在登陸點附近的陸軍就會壓上去，解放軍的第二舟波部隊就上不去。不要以為國軍都是智障，至少這十多年的新一代軍官，面對解放軍的思維，早就不是黃埔年代的那群老將官，戰術執行跟第一線是他們，而且都是家園保衛戰，解放軍開始攻擊後，這些年輕軍官看到的是自己家園被毀，死傷的是認識的朋友，難道會怕到投降？

總之，正規登陸在這種狀況下，不僅要搶時間，事前還要花工夫削弱國軍的防守，不然登陸艦只要開近海岸或是港口，就會被遠程砲火攻擊。台灣西岸的腹地縱深不長，現代兵器的射程沒那麼短，躲在柴山上陪猴子都可以隨時射幾發火箭，正在奪港跟下船的解放軍就夠受了。鳳山附近的丘陵到港口不到十公里，義大附近也只二十公里，要把國軍所有這射程內有效的武器都消滅是做不到的。

換句話說，要讓登陸部隊以安全的方式強行登陸，並進行奪港作戰，只有建立攻擊據點然後強攻港口這條路，急攻在這場景下幾乎不可能。強攻就得要先削弱守軍能量，以台北港為例，要處理的就是關渡的機械與聯合兵種營，進入戰爭狀態時，林口台地與陽明山都有砲兵，部隊可不會全部待在營區，而是進入陣地。打擊陣地要有效，會花很多時間，彈道飛彈鐵定行不通，CEP太低（參照第一部第一章），巡弋飛彈在山區要精準命中有掩護的陣地難度太高，最佳方案還是空中攻擊。

台中和高雄都一樣，附近都有砲兵、機械化步兵，或是聯兵營的部隊，沒有削弱這些機械化單位前，貿然發動強攻登陸，必定死傷慘重，上岸部隊幾乎沒有多大進攻能量可言。更不要提，空騎部隊如果沒有被殲滅，第一波登岸少數又重要的解放軍坦克，會是非常容易被解決的目標，登陸部隊無法打開攻擊箭頭，就會鎖死在港口附近。

這意思很清楚了，解放軍沒有消滅或是削弱一定程度的台灣陸軍防禦力量，光期待海空軍制壓就可以達成平安登陸，完全是幻想。而要能夠精準有效的打擊進入陣地的台灣陸軍，必須要奪得制空權，可以安心渡海就要保證制海能力。

請設想自己是中國登陸部隊的少校，手下有幾百個士兵跟少量坦克，而你預定的攻略目標，確定還有多你數倍的坦克、十倍多的守軍，以及五十公里外不停發砲的砲兵，隨時閃現一下的直升機，以及都市內百萬群眾中不知道有沒藏身於內的軍警人員，或是戰鬥意志強烈、隨時持刀械來捅刀的市民。

在這種情勢下會輕鬆寫意地談笑用兵才怪啦。

登陸作戰的幾種選項

接著，我們要解釋為何國軍自己的兵推，在這種狀態下都會先保留戰力，海軍進入太平洋，空軍移防到東部，整個西岸由後備旅來擔任承受第一擊的任務。這是因為兵推畢竟是求最大勝率，全部都是數字的情況下，要消耗中國的彈道飛彈以及空軍攻擊，自然要用戰力弱的去承接。而國軍會做這種兵推，也幾乎都設定西岸會失去制海制空優勢，雖然這趨近不可能，但總不能做一個兵推是中國必敗的。

再強調一次，國軍兵推就像學校考試，是為了找出自己的盲點，加強已發現的弱點，測試觀念與戰術，不代表這樣大考就死定了。但說真的，這種假定真的會照章演出嗎？很難。因為防空與飛彈部隊，一定是被優先針對的單位，而這些部隊也必定是現役軍人操作，不會讓後備軍人回去用。解放軍不是智障，他們知道要先打哪裡，實際會出現這種後備旅不停被削弱的狀況，多半出現在陣地轉換跟移防，解放軍並未收到相關情報，將第二線部隊誤以為是第一線部隊。

回過頭來我們檢視一下，中國若要採用登陸作戰，會登陸在哪些地方：

1、北部最可能的地點是北海岸，目標基隆港或是台北港。

依照此地地形，會投入一般登陸艇跟兩棲登陸艦，陸戰隊從萬里登陸，使用輕甲車或輪車，搶快還會直接搶民車，要跨越基隆之間的丘陵地，急攻基隆港。為了掃除進軍障礙，兩棲登陸艦上的直升機，會搭載特種部隊襲擊港口，以及路上的守軍。

台北港則較可能從淡水上陸，或是從桃園蘆竹海岸登陸，但淡水要跨河，蘆竹經林口的路只有一條，所以除了直升機搭載特種部隊的戰法，此地可能投入野牛級氣墊船，盡快送上戰車，或是衝進淡水河破壞守軍防線深度，爭取奪港時間。

2、中部是台中港，以及雲林的麥寮工業港。

坦白說，解放軍不大可能挑這邊，因為海岸大都消波塊化，或是很長的淺灘，淤泥多不利登陸艇使用。真可以登陸的點，都是很小的海灘，硬要講較可能的形式，還是利用直升機，送入特種部隊，再配合登陸艇少量陸戰隊搶灘。

3、南部首選是台南安平港，因為這是台灣少數周邊有大片適合登陸的海灘。

從布袋到安平以北，以及安平港南邊的黃金海岸，有好幾個合適登陸點，這也是為何國外兵推多半認為會進攻此地的理由。而且台南地形較低平，海灘附近到港口並不遠，採取傳統的登陸戰法比較可行。

高雄港在此方案中，是理想港口但卻不是首選的理由，看地圖就知道，從岡山到楠梓幾乎都海灘水泥化，鼓山還是高地，高雄港以南到高屏溪口，幾乎都海灘水泥化，再往南就到屏東了。挑屏東其實很便於登陸，只是遇到的問題更大，幾座主要橋梁炸掉後，解放軍的屏東登陸部隊就被封鎖了。一般而言較可能是攻下台南後，先往內陸截斷中部十軍團與南部八軍團聯繫，再行南下圍攻。

反正，不搶下港口，下不了重裝備，絕對是等死。幻想有二戰時的浮動碼頭，也得期待台灣海象ＯＫ，再加上國軍砲兵等投射兵力全滅，不然被炸幾發可是笑不出來。

至於為何不考慮宜蘭的登陸點？確實蘭陽平原適合登陸，但要威脅台北實在太困難。先不提炸掉雪隧這種工程，宜蘭到台北的路都非常難走，不適合軍隊快攻，而且解放軍的宜蘭登陸部隊，會面對到完全沒有海空支援的可能。國軍是不會明講，兵推也不能這樣假定，但解放軍軍官不可能不去思考，美軍若要助攻，宜蘭登陸部隊等於直接完蛋，救都不用救。

解放軍要考慮的可不是台灣共軍粉或是統派軍盲的幻想，他們絕對會害怕萬一美日要介入，光只是飛機來丟幾發登陸部隊就被切斷了的慘況。搶下大型港口，至少讓中國可以用比較多的手段，將重裝備運過大海，不這樣做的登陸部隊危機就是比天高。

登陸後的戰略

所以登陸部隊展開後，作法就是下圖所示的兩條路。

如果速度夠快、攻勢夠凌厲，國軍猝不及防下，港口就失守，此時港口設備沒有被破壞太嚴重，下一步就是建立防衛據點，防止國軍逆襲，同時死守到下一波登陸部隊靠港。

但若速攻不下，就只能從港口外建立進攻據點，一步步攻進去，攻下的港口必受創不少，得要整備與清理，並同時建立防衛據點，好接應運輸艦載運支援部隊。

所以，台灣的港口有哪一些可以挑的對象？

依照目前的可能性，主要有三條侵略路線可以選。

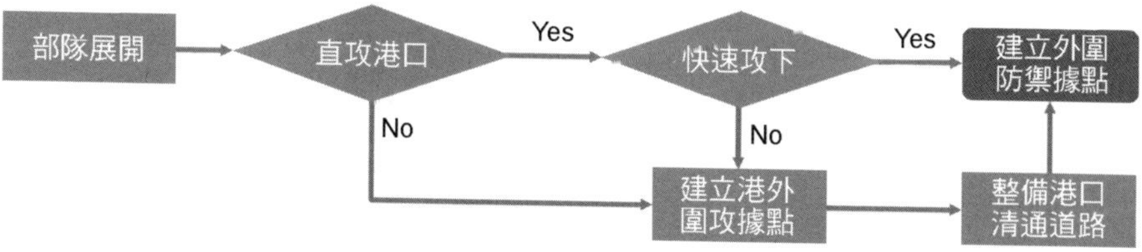

1、正統戰術，登陸台南。

由於台南安平南北都適宜登陸，不論是大型登陸艦要放下坦克，還是大量陸戰隊登陸艇衝灘，還是用氣墊船突襲運送重裝甲，可選擇的方式很多。而登陸部隊最可能的進攻方式是，安平以北的往南圍攻港口，安平以南的主力部隊會直衝仁德區的方向，目標截斷中部與南部兩軍團的聯繫，並試圖從二仁溪上游跨越進入阿蓮區，再轉往高雄港。若不採截斷而是速攻高雄港，主力要從永安區方向往南，此地地形較平坦，若有少量坦克登陸，成功機率較高。不採取這兩條路線，登陸部隊會衝入高雄市的人口密集區，速度遲緩也罷，若被守軍拖住，那麼高雄港就沒有奪下的可能。

2、次佳選擇，屏東夾擊高雄。

由於高屏溪往南的屏東縣，沿岸有很多適宜登陸的灘頭，可以大部隊展開，也便於集結軍力，和高雄港的距離也比台南近。也就是往東港方向走最短路線指向小港區，但要面對的問題是，海空軍要有較佳的控制能力，並阻止國軍可能的炸橋遲滯。選擇這裡的賭注提高，因為精銳部隊被封鎖在屏東，就等於沒有攻擊矛頭，即便其他地方協同登陸，對國軍來說都算好解決的目標。

3、出其不意，直攻台北。

選擇直攻台北，前段有說明過，唯二可以挑的就是台北港與基隆港。想要進攻基隆港，地形的考驗太嚴苛，而且基隆港處於台灣東側，國軍的空軍戰力能保存最多的也在東側，要從東面轟炸進攻基隆港，或是攻下占領基隆港的解放軍，相對容易許多。所以選擇基隆港是很冒險的，必定跟台北港攻略並行，增加國軍守備困難。

而台北港要拿下，不投入所有野牛氣墊船，就幾乎沒有成功可能性。因為從桃園蘆竹登陸，海灘不夠寬廣，部隊也無法有效展開，幾乎肯定是小規模部隊，要沿著林口海岸直衝八里，除此以外別無選擇。而從淡水沙崙搶灘，部隊數量可以較多，但要跨越淡水河，問都不用問，觀音山上就有守軍，步兵想要單靠登陸艇渡河作戰極為困難，換句話說不犧牲氣墊船，就無法一次性大量運送士兵渡河。那走走關渡大橋呢？如果真都打到這邊了，乾脆殺進台北還比較有威脅，走關渡大橋到八里台北港還要繞一大圈。以上皆未討論附近的砲兵陣地，正常來說不先壓制這些部隊，成功率趨近於零。

採取登陸的部隊數量會多少？頂多數千，不會超過一萬，但都是解放軍的菁英部隊。這個數量是計算中國所有的大小登陸艦，以及可使用的登陸艇，還有載運士兵的直升機，換算的最大值。而且根據灘頭大小，海灘外的水文條件，一次可送上的部隊數量會有差異，像是屏東的海灘寬廣到一小時可以放下上千人，但換到萬里連兩百人都有難度。

因為登陸部隊不是登陸後就在沙灘排排站，必須衝出登陸點，立刻攻占附近可以據守的陣地，只要海灘上的部隊沒有突圍，持續送上大量士兵只是變成絞肉而已。前線指揮官自己會做判斷，第一第二波沒有多大戰果，就會撤收了，因為戰果若看不出來，支援也沒效力，第三四五六波結果也會相同。二次大戰諾曼第登陸的奧瑪哈灘頭就是如此，德軍的守備若再強固一些，反攻就會失敗，部隊會卡在灘頭等到最後。是因為整體諾曼第登陸都很順利，其他四個灘頭都奪下，轉過頭一樣可以拿下奧瑪哈。若解放軍看到屏東三個灘頭都登陸不順，沒有道理持續放人上去死，只有部分不順利才會持續增援。

以萬里的狀況來說，若解放軍清除丘陵的守軍不順利，登陸上岸的第一波就死傷數百人，那注定基隆港奪不下，就不要耗損無謂的兵力，尤其是不要損失特種部隊跟重要的直升機。總之，第一天就得要奪下港口，不然就會越來越慘，後備部隊就算用走的，都會持續進入戰線包圍。

即便可以透過各種國際手段、外交辦法、情報遮蔽，奪港需要的登陸部隊頂多是數千不到一萬的菁英，一天內就要面對台灣一個軍團數萬以上的圍攻。拖過三天第一批最近的後備部隊大約數千，光是走都可以走到港口附近去堵路了。超過七天，輕裝後備部隊數量就會突破數萬，一個月以上就是帳面上數十萬還沒除役的全數都會武裝完畢。

補給的難題

上段是突襲成功的情況，如果是正常的戰術想定，國軍戰力有效的保留，那麼解放軍的登陸部隊面對的是裝甲、機械化步兵等一線戰力，即便進入港口也沒有辦法讓港口運作。若保留的戰術無效，主要的重裝備單位毀損太多，但後備旅的損傷會很小，解放軍面對的是大量的輕裝部隊，就算戰力偏高，也會被磨在港口周邊。

不要幻想彈藥可以就地補給，解放軍的裝備型號跟國軍不相容，頂多是撿殺掉的士兵留下的槍枝，彈藥還是很難得到補充。更不要說是數量有限，要拿來對付坦克或直升機的單兵反裝甲武器，打完就是沒有了。

此外，頭幾天解放軍還有另一個超高的風險，那就是外海的兩棲登陸艦還不能立刻開走，必須持續送上彈藥以及糧食補給。除非初期進攻極為順利，建立了簡單的補給點，東西都送上岸後再開回去運第二批部隊。但這種打法是徐進而非搶快，搶快的部隊是沒時間建立兵站的，後面的補給線要靠直升機或是登陸點的車輛不停前送。

一定有人疑惑，糧食就地取用就可以，為何這也要補給？

因為開戰的狀態不是平常，無法用平日很方便就可以取得食物的經驗來判斷。也許覺得台灣到處都是便利超商，搶一搶就夠吃了，但這其實不大可能。超商的囤貨量一般來說是七天，生鮮的不到三天，這都是依靠台灣血汗物流系統維持隨時隨地都有補充的狀態。而一家超商的糧食，可以供應多少士兵吃幾天？

舉例來說，台北市跨年夜，市府附近的超商一個小時會開出幾千張發票，要增加預備許多存貨量在店裡，這在平時做得到嗎？進入戰爭狀態的時候，超商的物流也不可能照常工作，後備部隊跟民防單位會擔負一般民眾飲食與飲水的補給責任，超商頂多是附近大樓的發放點，囤貨倉庫不會在超商隔壁。

如果解放軍在急攻如基隆港的時候，他只能選擇去搶大門打開的店家，或是炸開超商的門，進去抓幾把可以吃的就走。但在港口遭到攻擊的當下，物流就立刻斷了，只有當下的存貨可以用。也別幻想解放軍會衝入大樓逐戶搜括，那是占領後才能做的事情，強攻中沒空做。

我們要是寫防衛計畫的單位，會把超商納入戰時管制，一旦開戰，囤貨量就要降低，並盡量交由政府單位補給。然後強制超商店員演練，一旦收到本市或本港口可能是攻擊對象，立刻把所有店裡的糧食飲水全部往旁邊的住宅大樓搬進去，然後沿戶發送，這個比就地銷毀快多了。

依照已經攤開在陽光下的資料跟歷年演習，以及後備計畫中勉強可以提的部分，不到一萬的輕裝解放軍強行登陸，唯一的可能性就是使用現在的071型類的大型登陸艦，同時放下少量的戰車，以及解放軍的075兩棲登陸艦。但不管再怎樣急速建造，未來幾年數量都不會超過二位數，配合其他舊型可以載運士兵的登陸艦，換算數量就是士兵三千人至五千人，主戰坦克最多二十到四十輛，直升機一百架左右。這些裝備體積就是那麼大，重裝備太多就會沒辦法載人，太少沒有突破力，而且補給彈藥就是那麼多，回航就是得等八小時以上。

所以，北台灣預計要換裝M1坦克，空軍也演練過攻擊港口與附近船隻，空騎部隊訓練過短程突襲作戰，陸軍要購買刺針飛彈，一發可以幹下一台直升機。中南部是沒有那麼多防空跟空騎部隊，但台中、台南跟高雄港口附近的高地都有砲兵。其他還有某些傳說的砂石大卡車戰法，都在遲滯解放軍部隊急攻港口，聽起來以為很好笑的戰術，對解放軍來說都是無比頭痛。

不要以上帝全能視角，改用一介士兵或是解放軍指揮官的角度來看，登陸上岸後的首要目標是基隆港，距離二十公里，狂搶民車疾駛在北海岸上，到了基隆外圍後發現一堆砂石車橫躺，附近全都是砂石、水泥塊等路障，保證傻眼。剩下十公里用兩隻腳跑去攻打的港口，國軍正在架機槍跟小型火砲增援中，這根本是噩夢。再慢兩小時，空騎部隊就來了。

其實，國軍基層的想像力比大多數人豐富，不少人都有研究過，甚至實際測試過，徵用小貨車後，在上面裝置重機槍跟迫砲，加強打帶跑的戰術。不要以為這種戰術很可笑，以為是快失敗的軍隊沒辦法的辦法，但這是人家充分運用周邊資源的智慧，光是大卡車上焊接幾塊鋼板，當成移動式機槍車，就夠對衝入街道的解放軍士兵造成毀滅性的打擊了。

總之，在這個階段，解放軍可用之兵沒那麼多，不奪下大型港口，作戰就是全盤失敗。

國軍的因應	陸軍	海軍	空軍	共通
港口防禦	1.重型坦克 2.直升機 3.機槍陣地		港口轟炸	1.加強後備旅召集速度 2.加固港口周邊陣地防禦 3.添加機動車輛
反登陸	1.灘頭陣地 2.輕裝甲車 3.重型裝甲 4.直升機 5.砲兵		灘頭轟炸	
登陸艦船	1.重型坦克 2.砲兵	反艦飛彈	空射型對艦飛彈	

十六、最終階段，建立灘頭堡後向政軍重地進發

我們就假定，解放軍最終還是占領了港口，建立可以用港口輸送解放軍陸軍的機制，那麼接下來會怎麼做，又會使用哪些戰術，遇到何種困難？

如果真能登陸成功後的進攻方式

在此，我們就把前面幾章的推演都先放一邊，用兵推常見的狀況，來推估解放軍若真能成功登陸，大致的兩軍實力會如何。為何要採這種忽略前文的作法？因為正常來說，解放軍根本打不到占領港口後開始輸送成千上萬陸軍過來的階段，大致在前幾個階段，可用的船隻就消耗很多了。所以在兵推中，設定台灣獨自面對中國一年而無任何實際外援的情況下，解放軍會採用的戰略通常有兩種：

一、快速強攻本島。

二、先攻下澎湖再進攻台灣。

採用第一種的戰略，首選目標會在台北港，邏輯是透過不計犧牲的強攻，將大量部隊硬是送上北台灣，盡速進入人口較多的地方，避免台灣使用砲兵與裝甲部隊輾壓。換言之，就是馬上進入城鎮戰，除了限縮台灣重型裝備的使用範圍，還有利用平民死傷，以及解放軍登陸造成的心理震撼，對政府施壓。

但這條戰略太過冒進，強攻的結果雖可以有效送上登陸部隊，但先進戰機幾乎都會損失，而台灣存活的空軍戰力起碼還有一半。海軍則可能差距更大，迫近台灣海岸護航登陸艦隊，解放軍會有大量損失，而台灣艦隊出海後是處於無損狀態。

這種強攻換來的登陸部隊，大概不足一萬人，以及少量的坦克，搶下台北港後靠運輸船或是徵用的商船送入後援。這時機要算得很準，不能打下港口後運輸艦隊才出發，必須算好時間就在海上待命，不然速度更慢的大型船隻從對岸開過來，這支不足萬人的部隊，必須要苦苦守住港口一整天。

考慮到台北港的地形，這一萬人的精銳必須強行仰攻觀音山，分兵攻打林口與陽明山的砲兵陣地，不然沒有地利守不住港口，更會輕易讓運輸船被擊沉。作戰沒有到這個程度，後援部隊送不上來，作戰就是失敗，無法把部隊帶入台北市磨耗國軍的戰力。

次選目標就是台南安平港，一樣採取不計血本的快攻，攻下後送入大量部隊，往南壓制南台灣地區。優點是平原地形便於部隊展開，缺點則是對台灣國軍來說，平原地形也是一樣有利，再加上北高政經中心都還在，形成的政治壓力很低。

這種快攻法，解放軍會有很高的損失比例。假設每一艘大型船隻可以送上一千人的增援，中國會有那麼多可以徵用的船嗎？加上在台灣還有空軍支援，陸軍火砲都還在的前提下，每一波衝入港口增援的非武裝船隻，都會有一定比例被擊沉。用等比級數計算，一般估計全中國可用於運送兵源、坦克、彈藥補給的船隻，每次的損失機率算三至四成，大概送上的後援陸軍，不超過兩萬人。

總之，搶快強攻本島就是得要以政治壓力為目標，想要依靠這種小規模的部隊占領全島是不可能的，大概只有在台灣政治領導者與民心都處在極端畏戰的情況下，才可能成功。

第二種策略，先攻下澎湖，再奪下台南安平港，然後往南攻下高雄港，再利用兩港口輸送陸軍上岸。這個是以時間為一年而言比較常見的推測，理由很簡單，台灣海峽可以登陸的時間就那兩、三個月，但若有一個中繼點，則海象即便不大好，還是算可以勉強登陸，但若從中國沿岸直攻，沒有中繼點就幾乎不可能。這種戰略的可選擇登陸時間較多，從澎湖出發則整個中南部都在登陸的威脅範圍，而且可以截斷台灣南北，達成切割後徐徐吃掉的標準戰術。

但這種策略也有很麻煩的顧慮，前幾章提過，先攻下澎湖大概花個半年跑不掉，台灣的後備召集早就做好。依照正常的情況來說，中南部每一個城市都會有後備旅駐守，以及可能的義務役城鎮守備隊。這種作法也不是沒有優點，選擇先攻澎湖，解放軍會有幾個月的時間慢慢磨耗台灣守軍，以及各種飛彈與火砲部隊，海軍運用得當的話，台灣艦隊或許會遭到重大損失，陷入幾乎無法防禦本島的狀況。

一般認為，解放軍若用這種戰略，可以保存七成上下的兵力，先進戰機的數量還能夠保有與台灣大約二比一的優勢，台灣的飛彈部隊會為了守住澎湖消耗，砲兵會耗損不少，所以等到解放軍鞏固好澎湖防禦，準備進攻台灣本島的時候，本島的整個陸軍重裝武器也大概會剩下六至七成左右。

而為了奪下澎湖，會讓對地攻擊的能量分散，且為了安全，也得先對付台灣本島的遠程攻擊部隊。中國在此會有更大的耗損，故選擇澎湖中繼，在進攻本島就要花比較長的時間，在一年的期限內採取這套戰略，幾乎可以肯定進攻本島所剩下的時間，會低於三分之一。

攻台戰事的時間限制

在理想的情況下可以削弱台灣本島的部隊戰力到約一半左右，不過即使如此，直攻台南與屏東要夾擊高雄的解放軍，仍會遇到大量後備輕裝部隊的阻截。為了要送上重裝，就得要速攻港口，解放軍剩餘的海空軍為了固守港口不被奪走、破壞，會開始出現較高的耗損率。

也就是解放軍的海空優勢，在為了保護港口與登陸部隊下，剩下不到數個月而已，搶下港口後開始送上陸軍，在此劇本下可以擁有較多的陸軍，但相對的要攻略的難度也提升。在每個城鎮都有守備隊的情況下，解放軍是不可能清鄉的，這是人數與彈藥的問題，時間拖太長就等於失敗。另外就是，即便這個劇本的運輸艦損失率較低，也不是毫無耗損，一般而言，認為最終解放軍會送上五至十萬的陸軍，坦克百輛上下，這幾乎肯定是極限值。

就結論而言，我們沒有見過哪一種兵推，可以不在大幅調高解放軍參數的情況下，達成一年內攻下台灣的目標。最多是攻下台南與高雄部分區域，與國軍的守備部隊陷入纏鬥，然後面臨其他地方部隊逐漸迫近的包圍網。

很多人一定會問為何設定一年？因為所有的軍事入侵規模，都會保證台灣海峽周邊成為其他國家船隻無法通過的區域。東北亞國家的經濟壓力，會迫使每個政府都得要對中國入侵提出施壓，甚至就乾脆派遣自己的軍艦護航商船通過海峽或台灣東部。無論哪一種模式都極耗費經費，正常國家沒人受得了，而一年已經是所有兵推中最大寬限的時程了，多的是限定三個月內要打完。

或許有讀者會想問，中國難道就非得在乎周邊國家，不能持續這樣打到底嗎？中國會在乎外交壓力，難道不可以威脅其他國家不得介入嗎？

確實，我們不能保證周邊國家百分之百會介入，但請大家想像一個問題，日韓兩國海運受到衝擊，一年內所有民生物資都瘋狂上漲，他們的政府承受得了嗎？一定會有外交施壓，逼迫中國早點收手，找個下台階的理由。而台灣周邊是世界主要航道，連美國都會受到影響，這更沒道理袖手旁觀，堅持完全不介入。

中國一年還攻不下台灣，實際上恐怕也是無力再戰了。有人會想像中國死不認輸，就算用漁船舢舨都要送士兵登陸，實行人海戰術淹死台灣軍隊。但這真的不可能。若中國花了這麼久時間都還攻不下，代表大型船艦以及海空攻擊能量都幾乎耗盡了，與台灣守軍僵持在某些防線上。登陸部隊除了固守以外，也沒有多餘的能力進攻，只能跟台灣軍隊磨耗，賭台灣民眾受不了先一步投降。

講到這邊，筆者希望傳遞的訊息是，戰爭不是賭氣，總要準備後勤物資、運送物流系統，整體的作戰是有極限的。更別說，攻台是渡海作戰，總是得找到辦法把人與物資送過來，使用舢舨這種小船，遇到海象惡劣的季節就不能出航。要解放軍苦守數個月，等待大海另一邊的補給，這種仗要怎麼打？

故一般的討論為何時間是抓大概一年左右，就是戰爭的極限差不多就在此，再不接受各國調停，下不了台的後果恐怕更嚴重。

占領台灣的種種困難

到此，基本戰略構想差不多，接著要談解放軍會用何種戰術，於登陸後占領台灣？而且這要從哪邊開始呢？對於這問題應該要反過來看，才能釐清常見的邏輯謬誤。從中國怎樣上岸後，不管三七二十一就開始清鄉跟鎮壓平民，這行得通嗎？畢竟這是最多人會擔憂的部分，在此可以直接說明結論，解放軍不會這樣做，這不是因為善良，而是軍事上沒有辦法。

首先，假設解放軍登陸成功後，會做什麼事？有三件事一定要做，依序為：

登陸上岸　↓　部隊展開　↓　建立據點

因為，不展開部隊，全部就會堵死在登陸點，後續的部隊上不來不說，光是一發砲彈都可以炸死幾十上百人，沒有一支軍隊會在可能遭遇敵火下，乖乖排隊在岸上。部隊展開後就要找尋據點，而且部隊需要整補跟休息，後續支援的要報到，還要可以防守國軍的逆襲。

有種人認為，高喊著部隊衝進來，草莓兵就投降，然後一路打到總統府，台灣就亡了。這怎麼說，不就是解放軍無敵論，以及國軍無能論的極致嗎？這種說法的根據在哪，恐怕是一個都說不出來。

第五縱隊可能協助攻台嗎？不會。就算配合特種部隊進行斬首行動，中國也不大可能這樣做，這理由很簡單，是台灣的民主制度使得斬首戰法有限制性。

舉個例子，解放軍有一支部隊成功突襲殺到台北，把政府單位裡總統加五院院長與所有立委全部宰掉，就贏了嗎？不會。高雄市長跟八軍團的指揮官會發聲明，桃園市長會在龍潭跟陸軍總司令一起通告全國，一定會有臨時政府成立，此時幾乎可以確定十軍團司令會去接收大台中市的防務，市長不敢說什麼的，這時候有槍最大。

別以為不會，對政治人物來說，前方的政治之路一下子掃清了二十年的障礙，是一整代政治人物最佳的時機，錯過這次機會下次要等五十年，從上到下都會精神抖擻，要打贏這場戰爭，而且活力四射熱情無比。打贏了不僅是英雄，選舉全部都會贏，連續執政至少再二十年，誰會這時候投降？

這意思是，突襲首都占領後期待台灣投降是做不到的。站在解放軍的立場，他們敢賭一支數千人的孤軍，殺進台北達成所有任務後，台灣人就跪下去投降嗎？萬一沒有，幾千人被封鎖在台北市中，周圍是紅著眼要報仇的軍警與民眾，周邊是整裝待發準備要奪回首都的軍隊，換作是這支解放軍士兵，心情會怎樣？

既然使用第五縱隊或是特種菁英部隊的突襲登陸斬首行不通，所以只能正規登陸戰。之前提到過，登陸地點只有那幾個可以選，理由是要搶下港口，不然輕裝部隊上岸，會被國軍的裝騎、空騎橫掃，就算沒有裝甲部隊，光是砂石車跟油罐車衝來衝去，輕裝士兵就死一票了。即便衝進城鎮，在台灣這種高度水泥的地方，到處都可能遇到伏擊，士兵的心情不會輕鬆的。

一般民眾也不要老是幻想，會有人主動跑去投降，或是當帶路的哨兵，等著榮華富貴。台灣進入到這種階段，基本上都是國家動員，該行動的單位都會動起來，等到中國真有部隊登陸，居家周邊大概都有國軍士兵。可以這時候在一群武裝士兵前，有人試著跑去當叛國帶路小童看看，保證死第一個。

所以，講這些，我們可以試著了解解放軍的戰術選擇：

1、坦克數量不多，不能花時間在城鎮戰上。要不就是迅速集結，趕快擊敗台灣的戰車部隊；再不然就是利用機動性，趕快前往港口與機場要地進行占領。

而解放軍絕對會盡量不讓坦克進入城鎮。坦克看來很威，但要在城鎮中阻擋的方法太多了，現在台南的高樓也很多，隨便一棟十層樓的建築，上面躲著一個班的士兵，居高臨下射擊就夠頭痛了。戰車砲轟不垮鋼筋水泥大樓的，再說寶貴的砲彈拿去摧毀大樓幹嘛，等著大樓垮掉變成大型路障嗎？所以無論怎樣算，登陸初期要搶快跟擴大占領區域的解放軍，絕對不會選擇進入市區，會走平原地帶房屋較少的地方，才能發揮坦克的優勢。

2、除非必要，陸軍也不會在初期進入城鎮。

清除城鎮敵軍是非常痛苦且麻煩的，美軍在伊拉克法魯加圍城戰，一棟棟屋子清理多久，這還是最多五層樓的小城鎮，南台灣現在動輒是七、八層樓以上的建物，而且一整排十幾棟，解放軍是要怎樣清理？見人就殺絕對是最蠢的作法，子彈沒有那麼多，而且在有大量掩蔽物的城鎮中，殺人效率也很低。

簡單說，解放軍的戰術選擇真的很少，登陸後不迅速占領港口就是死路一條。而在占領的過程要搶快，不然就會有大量脫隊跟被狙擊的損失。這些都得要等到占領港口，開始能有每天數千人的增援抵達後，才能認真占領都市。

而占領會有非常多的困難，這在國軍開始認真規畫後備旅以及軍事訓練役的城鎮戰訓練後，難度將會是指數增加。因為對中國來說，高雄市區中心算五十萬人口，依照比例的役男大概有五至十萬，怎麼確定那些穿著一般服裝看似平民的，不會上個樓就拿槍來打你？台灣的輕兵器跟彈藥數量超級多，只是平常不會發下去，戰爭時就不會吝嗇。

解放軍後勤到底做不做得到？

先不多說城鎮戰，光就解放軍需要的最基本物資來討論，就會理解中國要打贏登陸後的占領作戰，機率根本趨近於零。

首先面臨的問題是彈藥。解放軍的武器規格跟國軍不同，搶戰死的台灣軍人武器來用是臨時作法，就算有也很難獲得補給。除非打下彈藥庫，不然解放軍初期的彈藥，連子彈都得要從港口卸貨。子彈還可以空投，手榴彈跟反坦克火箭也還勉強可以，但運送的空間就會被壓縮，能送上岸的軍人數量也就會更少。這還不包含重裝備以及砲彈，體積都更大更占空間。

第二是糧食。我們之前講過，當高雄遇到圍攻，物流系統是停擺的，國軍的民防做得好，解放軍會連超商都沒得搶。全部攜帶乾糧是很麻煩的，對士氣影響更大，也不要想說占領台南的養豬場，就有一千頭豬可以吃很久。解放軍想得到的，國軍也想得到，開戰時台灣的工廠生產會變慢，這些肉品來源會優先被軍方徵用。換句話說，就是運輸艦上必定會有大量的軍用乾糧跟罐頭。而以為可以徵收民間物資，也是不切實際的。理由很單純，攻占搶快的時候沒有時間搶民宅，就算高雄港被攻下，可以到附近的住家去搶劫糧食，問題是怎麼確定住戶沒有藏士兵？解放軍要一間間房子去清理來確保安全，這得花多少時間，陸軍可是要快點擴張占領區，以避免被包圍的。

第三是大家應該沒想到，也是歷年台灣討論這類解放軍攻台都沒提過的飲水問題。多數人因為自來水系統太方便，就完全忘記開戰的狀態，尤其是當高雄市確定港口區被占領，國軍會依照人道考量，不關掉水閥門？這問題是很嚴重的。若占領區夠大，還可以說在愛河撈水來煮沸過濾，萬一不夠大，跟著國軍在河邊對峙，誰敢去取水？愛河就算了，高屏溪、二仁溪、曾文溪，在這種寬度的河川遇到國軍部隊防守，解放軍是不敢在河邊打水的。更極端一點，把工業廢料倒入愛河中上游，反正自來水廠不從愛河下游取水，看解放軍怎樣靠愛河補給飲用水。

後勤補給問題才是軍事的根本。第一次波灣戰爭時，美軍有大量的軍卡開往前線，輸送物資中最大量的就是「水」，水的體積大又重，但又不能不送。沙漠地帶你覺得這很必要，難道台灣就不需要？如果不需要，那台灣那些缺水地區需要消防車每日供水的新聞難道都是編的？

許多人都把一般生活狀態套在戰爭中，以至於忽略掉這些軍隊運作的根本；而軍事迷通常只看到武器、彈藥跟維護，極少算到熱量補給與水補充的項目，更不要說運輸時的體積跟流通量。而國軍的兵推，當然是把這些項目都當不存在，純粹考慮軍事作戰，也就是大型戰棋遊戲。事實上後勤的困難，拿破崙的部隊編制就提出過。那個年代的戰爭，糧食跟飲水還好處理，但野戰麵包坊的位置怎麼設立，都讓部隊後勤官傷透腦筋，更別說彈藥的輸送可堪比宅急便每天在台灣的物流量。

為何美國的國安官員或是退伍將軍，在正規的台海作戰討論上，沒有人覺得解放軍會贏？因為他們計算後勤量後，就知道這根本是不可能的任務。就算初期跟中期，台灣都擋不住解放軍進攻，但在陸戰階段一樣會贏，理由就是這麼樸實無華。

因為後勤跟不上。

台灣唯一會輸的可能

台灣會輸的可能只有一個：一群怕戰爭怕得要死想投降的人民，選出一個很想馬上投降的總統，跟一整個都想投降的立法院，所以看到解放軍上岸，就嚇尿哭著要認輸。

只有這種情況，解放軍才會真的想打台灣，在台灣士氣高昂，抗敵意志強烈的情況下，智障才會想要武力統一台灣。

所以才要放謠言，告訴大家缺水缺電就死定了，不投降就要過一輩子苦日子。

所以謠言才會說，解放軍行動超快速，三兩下就上岸，草莓兵只能抱頭鼠竄。

所以才要資訊戰，從內部瓦解台灣對反抗的想像，相信彈道飛彈一顆炸掉一座機場，台灣飛機上天就被擊落，解放軍在大海來去自如。

所以才要訓練統派軍迷，這樣才會有人一方面告訴你中國彈道飛彈無敵，但台灣有彈道飛彈就會是垃圾。

認真的說，不考慮台灣主動投降的情況，中國對台作戰，要成功的可能性，除了挑選風浪小的那兩三個月，還真沒其他選擇。

在時間到以前，準備一定數量但也不能是動員程度的軍隊，讓台灣保持一定的警戒，但又不會大舉出動避損，然後採取大量彈道飛彈攻擊，同時發起第五縱隊的島內神風特攻，讓政府盡量混亂的狀況下，已經出航的部分艦隊開始轉頭進攻，盡可能把還沒出航的台灣海軍在港內就破壞。

同時，空軍也大舉出動，趁台灣還沒修復跑道與空防混亂的間隙，迅速奪下暫時的制空權，並隨後出動大量的攻擊機，不計損失地盡量對台灣的重型裝備、重要橋梁與軍用設施打擊，並在半天後把發起攻擊時一同出航的登陸艦隊，迅速地衝向目標區域。

並且期待台灣陸軍處在震撼中還沒恢復，在最小抵抗下奪下港口，讓後續的登陸艦下第一舟波的重裝甲。接著登陸艦隊趕快回航，期望第一波登陸部隊在這十二小時內可以順利奪下港口附近的重要防禦據點，並成功抵抗台灣軍隊的逆襲。然後在這半日內，還要不計耗損的投入大量空優與對地攻擊機，持續保持登陸部隊的損失在最小。

若一切順利，建立了灘頭堡，並送上第二波部隊，登陸艦隊還是要趕快回去接第三波，並希望這幾波登陸艦都沒有多大損失。同時，把港口整備到可以讓一般的運兵船、客船都能使用的狀況，再讓速度很慢的薄皮船隻，不計損失的衝向港口，放下數以百計的解放軍，並祈禱港口數十公里附近沒有殘存的台灣部隊，把載滿增援的薄皮船隻擊沉在港口外。

在上述都成功進行的狀況下，持續打擊台灣後備部隊的召集與圍堵，希望最好可以用每天增員五千到一萬人的速度，緩慢擴大控制區，並打開台灣陸軍的封鎖防禦線。同時，解放軍空軍一樣要不計損耗地繼續攻擊，讓台灣陸軍擁有的所有裝甲、防空車輛都耗盡，在這些作戰下，雖說不計耗損但最好不要損失太多。

因為只要登陸船艦損失到一半以下，攻擊機或是制空戰機掉了三成，幾乎就可以肯定後續無力了。台灣的軍隊只要沒有在這之前被徹底殲滅，台灣空軍就可以臨空打擊登陸部隊，陸軍還是有重裝備可以擋住輕裝為主的解放軍，而登陸艦損失太多，重坦克上不了岸，作戰就會失敗。

同時、同時、同時，這種超精密規畫，以及精準預測未來戰況的能力，應該是先進的外星人才會有啦。

第三部　持續進行中的戰爭

對大多數戰略研究者來說，「和平只是暫時的休戰」。對共產黨而言，「只有熱戰跟冷戰」。

而共產黨會把一般人認知的和平狀態，解讀為敵人的退縮。

在第一部中，我們解釋了常見謠言，以及謠言為何行不通，主要是希望讓讀者了解，製造謠言的目的就是為了要破壞民主國家人民的心防，弱化心理的防線。畢竟一般人看到無法戰勝的對手，不大會有勇氣堅持下去。

第二部，我們也解釋了實際上的台海戰爭，在限制條件下中國會怎麼打，以及遇到何種困難。這種觀點鮮少出現在台灣的公開網路資訊上，我們去查到的多半是中國製造的農場文，也就是大外宣。

這兩個部分合在一起，多數人心裡大概有底，那就是中國對外一直進行心戰，他們從未認為有和平這件事，和平是給共產黨養精蓄銳，以準備下一場戰爭用的。這些意圖弱化心理的宣傳，會把國際事務簡化成二分法，然後再把中國放在較有分量的一邊，就可以告訴你天平已經傾斜，識時務者為俊傑。

實際上這種簡易滑坡觀念大錯特錯。國際關係要有宏觀視野，我們第一步要了解的，就是世界的運作很複雜，但絕對不脫地理因素。

為何討論國際戰略時，需要擁有較寬廣的視野，這其實從地圖就可以看出一二。通常交戰的兩國，若非是地理位置有所接壤，就是在兩國的勢力圈邊界開打。即使是不受國際重視的小國，兩國衝突時也有附近國家會重視，小打小鬧影響經濟是一回事，大打出手產生大量難民又是另一件事。

若是兩大強權交鋒，還正好是鄰國，就絕對不可能不關其他人的事。強權對決產生的經濟危機，就足夠讓鄰國發一筆戰爭財，或鉅額的貿易損失，周邊國家無不選邊站。在美蘇冷戰時期，沒有直接的軍事衝突，但也有大大小小的勢力圈戰爭，有時候連勢力大國都會跳下去參戰，身處勢力圈邊緣的中小國家，就更沒有道理置身其外。

講這麼多，只是要表達一個基礎概念：除非該國在國際間毫無重要可言，不然沒有一場戰爭是極為單純的當事者自己打打就算了，都會牽涉周邊以及有利益涉及其中的不同勢力。以下談談幾種戰事的形態。

1、戰爭很少侷限於一地，地緣政治上的衝突從未只有兩個棋手。

A、韓戰：美國為主的聯合國軍隊對抗北朝鮮與中俄

越戰前美國參與的上一場大戰是韓戰，北朝鮮入侵南朝鮮，聯合國決議派兵，

以美軍為主驅逐北朝鮮回三十八度線。韓戰後半場是中國以抗美援朝志願軍的名義，派遣數十萬大軍助戰。這場戰爭稱不上是嚴格定義的代理人戰爭，因為中國直接介入，蘇聯還派了空軍參戰，只是表面上不承認，但大家都知道韓戰後期的北朝鮮幾乎無作戰能力。

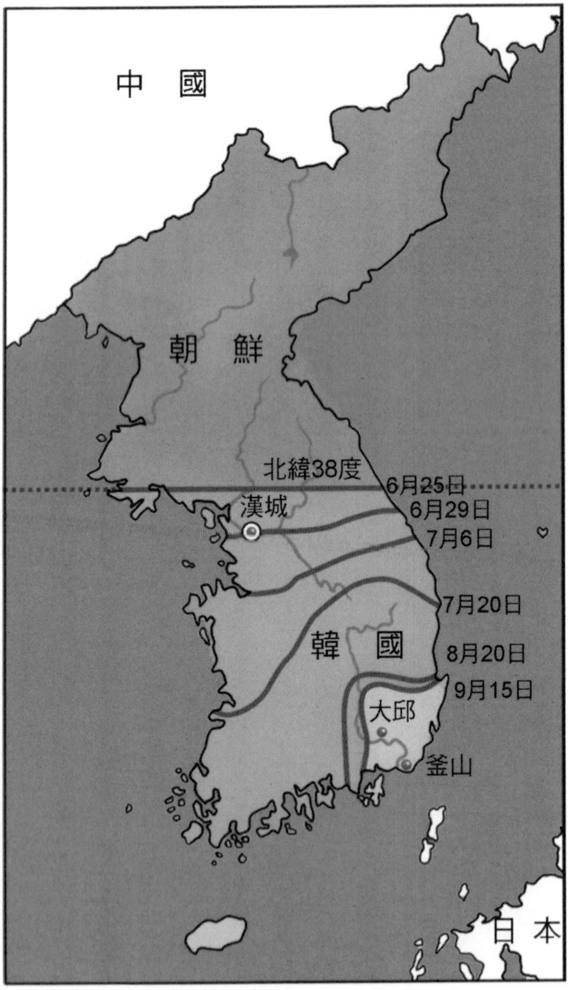

B、越戰：美國協助南越對抗北越

越戰不同於韓戰。表面上是美國在法國撤出越南後，要保護南越不被北越所侵略，實質上北越的背後依然是蘇聯與中國。只不過除了軍事顧問外，皆是以軍事物資援助的方式協助北越，而非派軍參戰，這比較偏向代理人戰爭的定義。如果說韓戰是依據聯合國決議，驅逐入侵者並恢復原本國界的師出有名，那麼越戰就很難依照同樣標準，美國可以自稱正義之師。韓戰還可以說是冷戰初期，為了阻擋共產勢力入侵、滲透到東亞最後的防線日本，所以不得不大舉介入；越戰就顯然沒有那麼深厚的利益，畢竟越南即便共產化，對美國的立即利益並無損失。唯一可以稱得上是戰爭理由的，就只剩下反共而已，南越政權的腐敗可是比南朝鮮有過之而無不及。

總之，無論其勝敗，我們都可以認識到，大國介入的代理人戰爭，以美國來說並不是以某種經濟利益，更不是軍火販子的生意，甚至是賠本在打的，其判斷基準是大國的戰略考量。美國身為海上霸權，會以海權的角度思考，這會偏向貿易航道、建設軍事基地的考量，算盤會打很長久，非是攻城掠地只考慮當下的利益得失。

C、阿富汗戰爭：蘇聯入侵阿富汗，美國等西方盟國暗助反抗軍

若說美國參加蘇聯代理人的戰爭，都是帳面上賠錢的生意，那麼蘇聯入侵阿富汗，就不只是賠錢而已，是連老本都賠進去。蘇聯之所以要侵入阿富汗，表面上的原因是建立親蘇政權，實際上是一種大國博弈，可以上追到俄國與英國對峙的年代。依照地緣政治的角度，控制了阿富汗就可以直通巴基斯坦，取得印度洋出海口，從高加索一同施壓等於掐住伊朗的脖頸，更可威脅印度不能輕舉妄動。

其結果我們都知道了。預計數月內就可以結束的戰爭，在美國為首的西方盟邦，透過情報單位輸送武器給阿富汗反抗軍，最終讓蘇聯打了九年的仗，灰頭土臉地回國。耗損國力之巨大，降低國家威信之多，被認為是蘇聯衰退的轉捩點。

無論其結果如何，從阿富汗戰爭可以得到一個結論，那就是大國要控制一個區域，並非那麼簡單，投入許多資源也可能血本無歸。那麼依照台灣人最喜歡講的「國際間只講利益」，蘇聯豈不是在開打後半年發現不對勁，就該收手撤退了？

顯然不是這樣。如果我們把九一一後美國進攻阿富汗當作範例，更會發現阿富

汗政權除了巴基斯坦外，伊朗也介入其中，連中國的影子都有，沒人敢打包票說哪一方絕對不會介入。

台灣人要認清，戰爭不是兩個國家的事那麼單純，而進入到二十一世紀，狀況也益發不一樣。

D、亞美尼亞（俄羅斯）VS 亞塞拜然（土耳其）

這是典型的代理人戰爭。被代理的大國其實並不想衝突，但小弟硬要幹架，又不能承認失敗，只好把頭洗下去。兩個小老弟打打鬧鬧，後面的人哥絕不正面下場，一旦下場就不是代理人，兩大國之間開戰可不是玩火可以比喻。

2、另一種模式，可以說是二戰後的世界共識，就是面對確定的屠殺平民行為，無論支持哪一方都必須做出反應。

典型的案例，就是北約轟炸塞爾維亞。身為北約的長期對手，俄羅斯支持塞爾維亞，但並不支持種族清洗，可是大塞爾維亞主義者就是幹了。北約當然也不想介入，以免跟俄羅斯正面槓上，但屠殺事件已經揭露，不能不加以處理。所以最後的妥協就是不上不下的轟炸。

其實照道理，這種情況應該要組聯合國軍隊，直接介入把塞爾維亞打回去，但安理會中俄羅斯跟中國不會同意，只能退而求其次用北約的名義發動。但空中行動削弱很難徹底擊敗塞爾維亞，就在無止境的磨耗中，塞國在俄羅斯的施壓下，以及北約的空襲封鎖所迫，最後屈服了。

這事件標誌著，想要屠殺平民，現在的世界無法接受。但另一方面也說明，媒體介入多深才是關鍵。像是中國對境內平民的屠殺，只要媒體不報，宣傳不出去，就不需要處理了。這情況改變了很多戰爭的樣貌，定義了新的國際關係。但就以台灣來說，可以學到的地方就是，面對那種中國統一的狂熱分子，屈服是沒有用的，即便是國民，轉眼就變成清洗對象。

而另一個要記住的，是宣傳力道會影響民主國家的干預程度。台灣不是非洲，也做不到全世界媒體封鎖，幻想台灣遭到無差別的平民屠殺，世界會坐視不管，就是中國長期資訊戰的結果。

這就是我們接下來要談的重點，也就是沒有煙硝的戰爭——資訊戰。

十七、資訊戰

要了解中國對台灣的資訊戰，就不能不提俄羅斯在二〇〇八年後，開始滲入美國選舉的過去。就結果論來說，我們現在知道，不分共和、民主兩黨，保守或自由陣營，都被俄羅斯滲透。滲透模式就是兩邊都派人，然後互相叫罵，刺激跟分裂美國社會內部。

其中，**偏保守與右派的，最容易被陰謀論以及刻板印象吸引**，使其走向極端化，滲透進去非常花時間，但若成功則會有堅定的支持者。**自由與左派，則最容易被看似理想的言論所吸引，輕易相信證據力薄弱的個人說法**，要滲透非常簡單，只是成功後的堅定支持者少且分散。

俄羅斯以此方法拿去對付烏克蘭以及波羅的海三國，效果相當卓著，就目前所知，用反戰、和平當作口號，透過接近共產主義的進步派，最容易裂解民主國家，只要讓進步分子做永續抗爭就可以。

中國完全吸取了這方面的經驗，再加上手段比俄國更加沒有原則，俄羅斯收買、偷拍、威脅利誘，都還算是在傳統情報戰中的範疇，而且目的放在增進俄國的地緣政治利益。中國則是以無限制破壞為主，只要可以拿到短期利益，可以用極為激烈的手段，無視長期國際秩序的發展。簡單說就是俄羅斯只想干涉美國的民主，用來增進本國的利益，中國是想要裂解美國社會與既有秩序，自己取而代之成為霸權。

於是，中國就拿台灣來作為最佳的試驗場。幾乎美國在二〇一六年大選遭遇過的手段，台灣人似乎都可以在二〇一八到二〇二〇年的選舉中看到相似的場景。之前美國有智庫終於做出一套極為完整的中國滲透美國方案，對台灣而言情況則相對沒有那麼複雜，我們可以用下頁的簡圖讓大家了解。

中國對台的政工系統可以粗分六大部分，請注意這只是粗略畫分，因為實際上的滲透比較偏向專案處理，例如某個人提出某個專案被接受，就拿去相關單位施行，只不過通常不大會跨部會進行就是。

1、國安部：負責的是一般情報作業，諸如滲透台灣軍情系統，策反收買退役軍官，不大會去碰資訊戰的部分。有的話可能是為了競爭預算。

2、國台辦：主要以學術交流為主，或是協助其他對台活動的單位，提供公開的管道，台灣有不少學者會上電視宣傳中國觀點，多半都是跟這條路線有關。更多時候國台辦是「窗口」，但前提是其尚未被中央邊緣化。

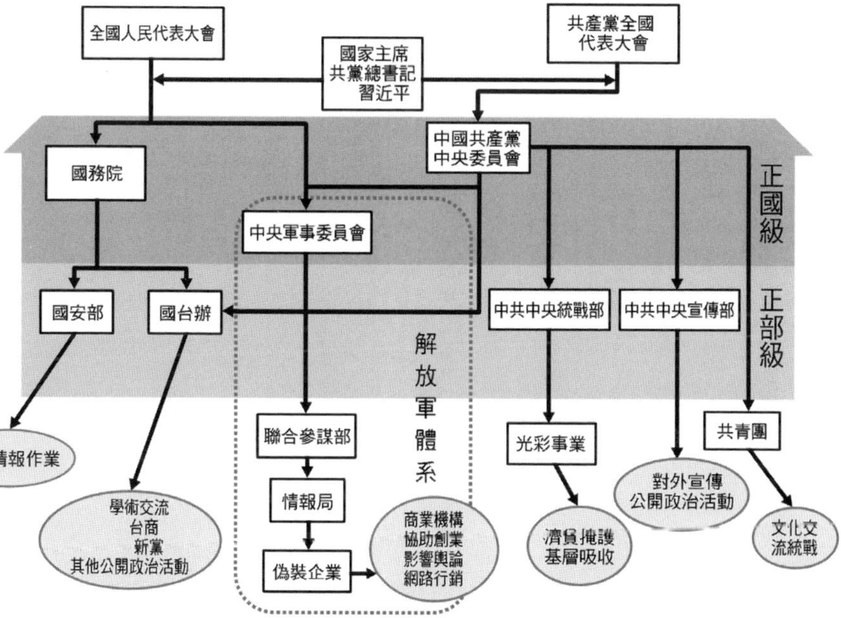

虛線圈起來的部分是解放軍體系，就單位名稱上來看比較不易察覺是解放軍，但它們都隸屬於解放軍體系。

3、解放軍體系：這部分很複雜，因為軍隊不會直接介入這個系統，所以是間接模式。透過情報局對外設立空頭公司、偽裝的企業，投入軍方資本，進行各種宣傳與商業行銷。其實這條路本來就是解放軍用來營利的管道，只是二〇〇〇年後發現對台能夠以商逼政、以經促統，就被正式端上檯面來使用。

4、統戰部：以吸收台商為主，讓台商回台後建立各種濟貧協會，積極吸收基層，使其相信統一的好處，其中最大最公開的就是透過光彩集團。其他小的則是類似兩岸經貿交流團類的，多屬於小專案計畫。

5、中宣部：偏向公開的政治活動，對台作業的部分較小，甚至許多外包，已知的都是協助其他計畫與宣傳立場。

6、共青團：在胡錦濤下台後，就漸漸失去力量，經費跟滲透能力都是最弱的，主要透過文化活動對台統戰，效力並不高，但人數眾多，且和許多出征行為有連結。

這些單位具體行為如下頁圖。

這幾個系統，有些名詞或是相關的組織，大家在二〇二〇年大選時都有看到。我們也不諱言，自從王立強投誠澳洲後，以上六大管道幾乎是大地震，震出多年找不到的狐狸尾巴。許多與解放軍有關的中國投資企業，在二〇一九年經歷董事換人或是經理人離職，在反滲透法通過後，二〇一九年底與二〇二〇年初不少協會直接解散，這是不是有鬼？我們不予評論，交給有關單位調查即可。

在此想要強調的是，中國滲透台灣不是一天兩

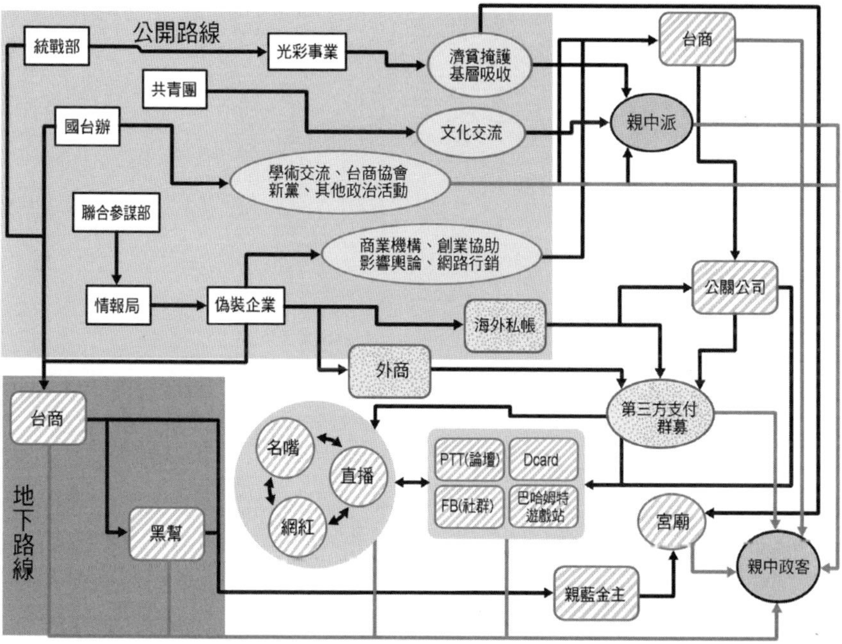

淺色的箭頭，代表一般公開可查，或是稍微上經濟部等相關網站就能查到的線索。
深色箭頭屬於金流難以追查，或是在中國內部行政作業難以窺探，以及其他很難看出有違法的灰色手段，僅能用推測，或是依照歷史上有過的案例去判斷。

天的事情，但很明顯的是因為習近平上台後積極促統，才讓這些活動浮出檯面。不然我們一般人想要從公開活動抓到這些行為，非常困難，但也透過這幾年的追蹤，逐漸了解到國內資訊戰的模式。

大體上傳播模式有以下三種：

第一種就是傳統圈粉路線。先要有節點，一個產製假新聞、製作長輩圖或是懶人包以利傳播的影片，透過這種節點傳播出去，吸引大量的觀看者「圈粉」。我們稱之為「**資訊流**」，中國定調資訊之後再透過殭屍網路或水軍丟出來，資訊量中等，但精準打擊。

第二種是以祕密粉專或是LINE群組，先是透過普通的健康、教育等訊息讓組員察覺不出惡意，再根據新聞產製「略微負面」的意見，漸漸把整組人的意識形態扭轉過去，讓這類人接觸新聞時，會非常容易接收特定新聞觀點。這類消息不適合官方來做，因此有大量的投資外包，以陰謀論、故事型的方式散播，甚至與當地網紅合作，我們稱之為「**金流**」。

第三種則以特定的組織製造假新聞，對自己的組員洗腦，建立起鐵衛般的信仰，再讓這些人以義勇軍的身分，自告奮勇進行網路宣傳與攻防戰。透過統戰系統洗腦特定人士，連錢都不用花，我們稱之為「**人流**」。

傳播模式如此，那麼實際上的滲透模式呢？跟俄羅斯的方法幾乎一樣，**不是只會挑選統派團體，進行單方面的宣傳，更會創造假的獨派稻草人，激化偏統的仇恨感**。其實就是完全的只針對台灣現狀，見縫插針去分裂而已，以激化對立造成紛爭動亂。如果不用這種角度去看，試圖描繪一個「中國想要傳播特定思想」，以為他們必有一個最終要宣揚的目標，但實際上這特定思想不存在，因此這也就是多數人看不出來的主因。

不過因為二〇一八年選舉的經驗給獨派的震撼太大，導致二〇一九年後網路言論生態幾乎做了大整併，對於莫名其妙冒出的獨派意見，都會很快速地予以淘汰，變成想要透過泛綠、偏獨的系統，灌輸假新聞去紮稻草人的作法，已經幾近失敗。但這也透露出一個令人不安的訊息，面對共產黨的分化與滲透，民主國家若不能用相當激烈，近乎麥卡錫主義的偏執，很難做到滴水不漏的防護。

但這真的是民主國家想要的結果嗎？我們可能要再想想。言論自由是民主國家的基本價值之一，而自由的代價是永恆的警戒（美國總統傑佛遜的名言：The price of freedom is eternal vigilance.），我們民眾是否有那個心理素質，能夠一直維持對共產主義的戒慎恐懼數十年？但如果不這麼做，共產主義就是會透過言論自由的管道，不停地滲透與分化他們厭惡的民主制度。

理論的闡述到此為止，我們來看看有何辦法可以具體阻止中國的資訊戰。

首先，民主國家不能任意監控，所以必須立法，**境外勢力代理人法就是必須要制定的項目**。反滲透法沒有細節，只能針對太過明顯的惡意攻擊，對於那種長期潛伏滲透的對象，沒有細緻的金流追蹤與資訊揭露，實在沒辦法。

其次，政府投入資訊戰的範圍，不是只有防守，也要有進攻。結合傳統政戰體系的宣傳與心戰系統，與資通電軍的協力，組成新的攻擊型網軍部隊有其必要。**中國最害怕的也是資訊透明**，如何透過反金盾的方式（中國的全國公安工作信息化工程，俗稱金盾工程，用來監聽、截斷、復位、審查中華人民共和國公民的網路活動），**反滲透進中國內部，來對其金盾工程造成破壞，讓中國必須把對台資訊戰的資源轉到對內防守，也就是以進攻來降低我方壓力的作法**。

請放心，這沒有道德問題，因為台灣對上中國網軍，只需要協助其資訊透明化，一切合理合法，如此就可以對中國政府造成極大的傷害了。

再來，防守與進攻外，我們還欠缺的叫作民間投入。雖然近年有假新聞清潔劑，以及MyGoPen等團體與闢謠軟體的協助，已經能夠把大量離譜的假新聞扼殺在搖籃之中。但對於已經被滲透、洗腦到完全不相信台灣具有抵抗中國能力的人，只有透過媒體與教育雙管齊下長時間的努力了，這就跟日本當初要把進入邪教的民眾拉回來，過程漫長又痛苦一樣。

媒體自律的期待是不可靠的，在這個資訊發達的年代，民眾的監督也是必要。怎樣建立長期的媒體觀點，最好的方式就是順著資訊戰的邏輯走，也就是中國透過資訊戰，找到台灣人民中價值觀的差異，用力捅一刀下去，狠狠撕裂。那我們就順其而行，**建立多觀點的各種小眾媒體，要能夠深入各種思想與派系**。近年進步派動輒以政治正確封殺反對意見，其實非常危險，這等於讓保守派的觀點找不到出口，更容易形成陰謀論。這些保守觀點的人並不是消失，而是仇恨在心中蔓延。

教育更是必須花心力長期投入，不管是正規教育還是普及教育，資訊戰的特點之一，就是會針對敵國的「價值觀差異」進一步擴大，然後裂解兩方到不能妥協的地步。俄羅斯滲透美國的經驗告訴我們，**越是理想青年越容易否定國家利益，被全球化的崇高理想所吸引**。

其滲透分化的標準套路就是，**要人別去相信與處理當前的問題，而是優先解決其**

實無法處理的目標。然後，再把目標神聖化，賦予象徵意義變成神主牌。再回過頭來變成一個似乎可以當作解決辦法的途徑，但只不過是套套邏輯。

這問題在軍事上更加嚴重。中國的彈道飛彈是無敵的，但美國的彈道飛彈就會有缺陷，台灣拿到則是毫無意義。這種觀點會出現在同樣研究軍事問題很久的人身上，這已經不能夠用意識形態去解釋，而是**資訊戰的本質就是資訊不對稱，中國會透過你不熟悉的部分欺騙你**。

例如，你對製造工業不熟，就說中國反正有能力，並要你料敵從寬去相信，但實際上中國的工廠，從管理到製造上都稱不上一流，這怎麼可能做出一流的產品？

但是，不管，總之就是可以，中國就是做得到，不相信就是意識形態作崇，就是泛綠台獨。若反擊他是泛藍偏統才如此，他們則會用大家一樣爛的概念辯駁，反正就是不需要討論實際問題，而不接觸到實際問題也就沒辦法解決這些資訊戰的謠言。

十八、戰爭不是立刻斷垣殘壁

一般人最擔心的，多半是萬一要打仗了，會怎樣？生活受到影響是必然的，會缺水缺電嗎，還是要聽警報去躲空襲，買不到吃的怎麼辦等等，總之除了民生問題外，大概就是怕被砲火波及。

這裡，我們要釐清好幾個點，包括「城鎮、鄉村」、「開戰前、開戰中」、「民生物資購買、配給」，全部混在一起是無法討論的。

戰爭要發生，尤其是攻打台灣這種要塞島嶼，想要成功的作法只有一種。依序可見下頁圖。

這在第二部有提過了，這邊再複習一次，認真的侵攻台灣只有這條路，沒有做到就是作戰失敗，任何想要告訴你有神奇戰法可以跳過這些階段，直接達到全島占領的辦法，都是唬爛。

除非，台灣在政治面或是民眾心理上，選擇直接投降，不願意抗戰，不然只要上面任何一個環節堅不可破，中國就不會採取這種渡海侵略作戰。當然，中國若因為內部因素，要賭他一把，或是為了黨內鬥爭必須出兵，打贏打輸都不是重點，那就另當別論。

所以，真的不用擔心中國發動攻擊的隔天，住家前面的路上就有解放軍在散步，或是看到全城都斷垣殘壁。這是二次大戰的地毯式轟炸才會有的，中國不會做也沒能力做。

開戰初期的狀況

基本上，中國若明顯集結部隊要玩真的侵略，台灣民眾最先感受到的，會是看到新聞上發布後備軍人召集，以及各式車輛到哪個地方報到。政府管制措施會加強，出國資格會限制，入境審查會更嚴。接著，我們會看到每天都有演習，除了空襲警報以外，最常見的會是路口管制，交通警察會在路口協助軍隊移防跟出營區，此時軍隊的行動

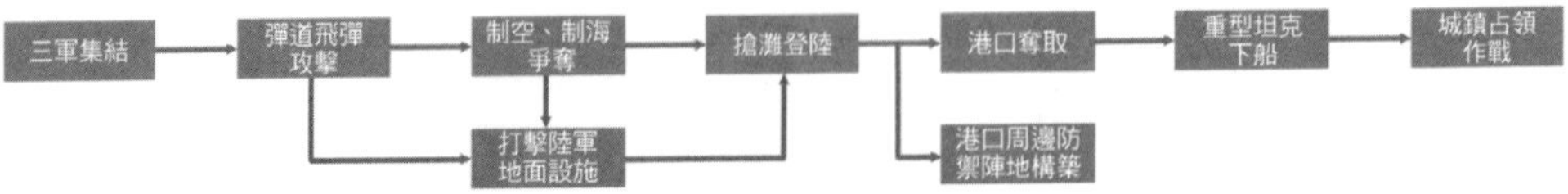

最優先。

但其他生活不會有太大影響，上街購物消費，學生上學，一切照常。政府不會希望這時候有重大變動，引起民眾不必要的恐慌。但是不會有太大影響不代表零影響，像是去超商、賣場購物，會出現像是衛生紙之亂一樣的狀況，這時一切的物資購買都有上限，不會讓你拿購物車瘋狂掃貨。隨著數位身分證可能發行，政府有可能在盤點物資後，下令購物需要照身分證算數量購買，用最具體的方式避免囤貨。

也不光是消極的處理，依照目前的規畫，後備軍人會組成後備旅，協助現役軍隊做第一線防守。而四個月的軍事訓練役，主要放在城鎮守備上，也不會只是進行作戰訓練。這個階段被召集的軍事訓練役後備部隊，會協助相關單位以及警消人員，進行遇到飛彈攻擊後滅火與清除瓦礫殘骸的工作。日後可能會結合物資配給作業，例如某小鎮一千人，男女、小孩、嬰幼兒各多少，每天需要幾噸的米麵、肉類、蔬菜水果，男女需求的基本生理用品等等，每周要運幾次，在全國各地會輸送新鮮與保存類食物，並在各地配發。

一般民眾要學的，除了躲空襲以外，大概就是不能任意搬家移動。居民得要向在地的戶政機關或是鄰里長報備，說明戶籍在別的地方，但居住在這個社區，這是為了要便於進行必要時的物資配給。這會有指定的單位與轄區警察，照輪值表跟排定的順序，演練怎樣開大小卡車，配送到哪些住宅，住宅又有多少，有沒有管委會，可不可以協助分配民生物資給大家。

理論上還會進行水的配給演習。還有自來水的時候，建議群眾在家節約用水，並隨時準備幾個大桶儲備，如果有必要政府會出錢，緊急生產千萬個配給。或者是給予住戶或是有管委會的社區大樓，一些簡單的雨水收集與過濾裝置，可以作為應急之用。萬一自來水斷了，民眾怎樣取得消防隊的配水，需要多少運水車，怎樣調度，不演練不會知道。而最糟的情況是淨水廠等被攻擊，只有未過濾的水，那麼需不需要事先準備好大量的簡易設備，在各社區內做基本的飲水過濾。還要考慮火源，戰事高漲的時候電力會中斷，如何提供瓦斯，維持罐裝瓦斯的輸送，或是採用統一生產麵包配給，每一項都需要紙上規畫、實際演練去修正。

這些在平日沒辦法演練，但遇到中國擺明要侵略的時候，早兩個月開始演習，也不會有人抗議。

換句話說，一般人的日常生活變化不大，該上班的要上班，上學的要上學，差別在於是不是被召集的人員，如果是的話就是去報到，聽從軍事單位指揮。如果不是，那麼怎樣跟著民防單位，做各種準備與打算，這些在下班後做就可以。

除此以外，你想要上街購物看場電影等，大致上都不會被禁止。

而越接近中國發起攻擊的可能時間，我們才會開始面對不同的狀況，可能上課到一半下午宣布停課回家，家長要怎樣下班接小孩，或是來不及的，聽從路上的警消與民防部隊，前往最近的避難所躲空襲。這時會常常有類似的訓練，但並不是中國真的要打了，只是隨著戰爭顯然不大可能避免的狀況下，上述的各種措施都會加強，管制會更緊密。而此時想出國或是入境，都已經接近不可能，就算想出去玩也不會准，路上的管制會趨於嚴密，高速公路會施行上下管制，已經無法自由出行了。若住家在陸軍總部等重要單位附近，會更加嚴格，這是為了要防止第五縱隊可能的滲透破壞。

若開戰狀況趨於緩和，這些措施就會慢慢放鬆，直到中國覺得還是算了，我方判斷沒有危機後，才會逐步放寬管制，回歸日常生活。

開戰後的可能狀況

中國若真的發起侵略，先動用陸軍或特種部隊突襲台灣本島的可能性太低了。常理來說，實施大概一周的彈道飛彈攻擊，逐波增強空軍對台制空權的爭奪，是比較可能的。

遇到這種狀況，彈道飛彈的襲擊，幾乎可以肯定不會打民宅，所以民眾請放心的在家休息，並配合民防人員的指示生活。第一周的彈道飛彈打擊大部分都是針對軍事設施，真的很害怕的人就是早點搬家或到親戚家暫避，政府也一定會優先提供附近居民避難的場所。

若真的不幸打歪，命中住家呢？那只能說運氣太糟，但真的不用擔心飛彈飛過來就必然死定了。若住家是透天厝，的確被飛彈打中大概全毀，沒有多少僥倖的空間。但住在社區大樓呢？那除非飛彈是攔腰打到所居住的樓層上下兩層內，不然依照現代飛彈的威力，大概只是被震到暈眩想吐，受到輕重不等的傷，而附近的部隊跟警消會將居民趕緊送醫，被炸死的可能不高。

解放軍趁機攻擊台灣，搶奪制空權的步驟也是差不多。空對空飛彈即使脫鎖也只是打歪，威力也沒那麼大，除非剛好鑽到住家客廳。正常來說，躲在家裡，避免被擊落的戰機碎片打到，就差不多是這樣。這個階段大概兩周以上，依照兵推有可能到一個月。最大的問題比較像是被關在家裡，網路訊號可能不時斷訊，無聊會是最大的敵人。

不過，可以跟各位保證，大致上開戰初期的飛彈與制空權爭奪，一般人不會感到高度驚嚇。因為經過武漢肺炎的經驗，大家都習慣了，戰爭會遇到的封鎖也就差不多如此，解放軍沒有那種全台無差別屠殺平民的能力，飛彈拿去打民宅才是發神經。會讓人感到不習慣的，可能是常常出現的中低空戰機高速通過，震波跟爆鳴聲突現會嚇到人。由於解放軍的戰機夜戰能力遠遜於台灣國軍，不大可能想在晚上來發動空軍消耗戰。但震波可能震壞住家玻璃，而這時候要找修玻璃的會有困難。因此建議可以以社區為單位準備一些木板，先應急再說。

若是解放軍針對通訊設施、水廠、電廠破壞，想削弱人民的戰鬥意志，那某個方面來說我們要感到高興。因為飛彈就是那麼多，戰機不搶制空權而是拿來護航轟炸機攻擊民生設施，那麼中國就沒有任何攻下台灣的可能。戰爭勝利後，民眾會有幾個月到半年的生活水準下降，分區供電與消防車配水，小朋友可能需要補課，但除此之外，不會出現電影場景中的整個城市都陷入火海，到處斷垣殘壁，人民苦不堪言。

如果苦不堪言，是指不能喝下午茶，要關在家裡，網路訊號常常斷到不能追劇……好吧，這的確很苦。

這種狀況，大概持續約兩周到一個月，解放軍如果還想要登陸戰，那無論制空權爭奪到哪個階段，都得要派出對地攻擊機與轟炸機，開始削弱陸軍戰力。低空的作戰會變得激烈，除了投歪的炸彈外，被擊落的飛機等都會造成民眾損傷。

所以在此階段，別說是上班上課，連開車出門都會禁止，不過走路倒還可以。禁止開車的原因不是車子會被當成軍事目標，而是若解放軍想要攻擊民防部隊，特別是囤積與發送食物的倉庫，想透過降低民眾取得民生物資的機會，來促成台灣民眾防禦意志降低，就可能針對運輸車隊攻擊。這機率不高，只是為了避免困擾，政府不會讓人開車到處逛。

就麻煩民眾待在家裡，要散心或是帶小孩走走，旁邊公園或是社區內的遊樂設施就好，聽到空襲警報就趕快回家。炸彈雖然不長眼，但解放軍沒有能力進行如二戰一般英美聯合轟炸德國都市，讓數十萬居民流散到鄉間。在台北來說，我們可能會看到觀音山、大屯山區有很多炸彈爆炸的聲音，但台北市區基本上只有重要機關才可能成為目標。

當然，若是住在電廠、水廠還是變電所等一些可能成為解放軍攻擊目標的附近，就強烈建議早點離開，搬家或是住到親戚家。照理說不大會轟到平民住家，但事情總有萬一。撤離的目的主要是減少傷害，萬一有民眾死傷需要救援，會造成民防工作的工作量變多。

解放軍登陸後的可能狀況

坦白說不大可能走到這一階段，但一定會有人擔憂這類問題，所以還是說明一下，讓大家心裡有個底。解放軍的戰術，不可能採取登陸後沿街清鄉，這種打法絕對會失敗，搶快奪港是唯一有勝算的戰略。所以，在接近戰爭狀態時，民眾自己要知道，所住的地方會不會是在解放軍登陸位置附近，或是登陸後攻向港口的路上。

在這階段，照道理便會於登陸前好幾天，就先被通知住家是否有可能被捲入戰火。那麼就是帶著重要財物，跟從民防部隊的指示，撤往安全的地點安置等待。如果有人不想走，真的遇上了，那麼會有怎樣的情形？

若住家的位置適合布防，軍隊會徵用，居民還是會被請走。若不適合布防，為了避免傷及無辜，軍隊還是會強迫居民撤走。除非解放軍已經要來了，有人還在那邊死不走，那算你厲害。這時該做的，就是像躲地震的方法，躲在家裡安全的地方，不要出聲，靜靜地等戰事結束。

如果解放軍真會殺進住家，可以篤定沒撤走的人一定會死，因為此時解放軍攻下房子是要作為防禦工事，絕對不會想留俘虜，搶快是不能留俘虜的，絕對是一顆子彈幹掉人比較省事。也千萬不要幻想，高舉紅旗投降，人家會當你是來降義民。這時沒時間查核投降者的忠誠，誰曉得是不是間諜來搞破壞，先幹掉再說。

講那麼多就是，聽政府的話，後撤到安全的地方，別在那邊演內心小劇場，覺得自己可以當領頭羊帶解放軍入城，還是運氣好不會有事。

比較可能遇到的情況是，解放軍真的突破灘頭，衝出海岸後要轉向港口，住家是不是在軍隊行進路上。如果遇到這種情況，而有人還沒有撤離的話，就得稍微注意一下。若住家是那種農地建物，解放軍不大會想要進去休息，都搶時間了哪有閒工夫去家裡泡茶。

該擔心的是，解放軍會不會覺得該住家是路障，或是覺得會被伏擊，戰車砲就一砲開過去，或是被支援的攻擊機打掉。還有，國軍為了攻擊這支移動中的解放軍，砲兵射擊會波及住家，此時不會管還在裡面的人的安危。所以盡可能可以撤走就快點走。

但若解放軍很神奇的選擇進入城鎮行進，那麼多半可能是認為國軍不會願意用密集火力攻擊自己城鎮，覺得對付輕裝守備步兵總是比較簡單。若是這種狀況，的確有人可能會在無法撤離的情況下，遇到敵軍來襲。但也不用想太多，因為事前的演練，國軍一定會在城鎮中適合布防的地方，跟民宅屋主討論戰時徵用的狀況。國軍進入防守時，可能被攻擊的點，居民都會撤離，反倒是萬一解放軍亂跑，衝進民宅巷戰，這問題比較大一點。

但這種亂衝的狀況不大可能發生，除非解放軍覺得時間不足，需要就地整補，或是攻不下港口，想要據守待援。那還留在城鎮中的人麻煩會比較大，解放軍肯定把抓到的人當人質，除了搶光能吃能喝的，還會抓人當作肉盾，避免被國軍圍攻。

真正會讓人擔心的，是解放軍駐守在住家或附近。這狀況多半是如高雄港被攻下，解放軍需要據守，還要休息的地方。但這種狀況，解放軍也不會想採取血腥統治，因為安全睡覺的環境很重要，高雄港附近有十萬以上的居民，是登陸部隊的數十倍，若居民都知道要屠殺了，誰會配合你。

不要以為破門很簡單，尤其現在一堆高樓大廈，大門都防盜不鏽鋼門，想要破門搶民家，還得浪費子彈。衝進去萬一遇到躲著的民防部隊，放個幾槍兩敗俱傷，解放軍的耗損會很恐怖。所以解放軍怎樣都會用懷柔措施，好好地交出飲水糧食，配合軍隊的行動就不會有事。

而我們也認為，若真的不是民防部隊，只是普通老百姓，那麼就乖乖聽話，生存率會比較高。至於來搶錢搶糧搶娘們，也可以很肯定地說，那只有投降後任人宰割才會發生。只要解放軍還要擔心會被人民背後捅他一刀，那麼在台灣侵略戰沒結束前，都得笑臉對人民。

說來說去，真的不需要擔心到這個問題，因為中國沒有那個能力啃掉台灣。

台灣的準備充分嗎？

雖說我們提了這麼多實際戰爭的情景，畢竟只是一種可能性，還會有更多義務役退伍者，懷疑是否能做到。

在此要再多點說明。以上解釋正常的流程是無誤的，理論上軍方也會如此做，但實際運作起來恐怕會有落差。差在哪？不是欠缺計畫，而是缺乏實地演練。正如同地震火災的演習，一般學校每年都會跑一次，學生就算覺得很無聊，至少流程走過一次，萬一真有個災害，教職員工跟學生多少會知道怎麼處理。

但軍事演習，尤其是民防演練，台灣數十年來都沒有做過。並不是沒人想到，更不是無人提出，而是政治環境影響。大規模的軍民聯防演練，非常耗時間跟成本，不用說對經濟活動會造成一定影響，民選政治人物通常不願意為此得罪選民。

這些年來隨著中國軍事威脅增大，台灣的意見也兩極化，支持對抗中國到底的，不少人認為施行這種演練會暴露出準備不足，影響民心士氣；而親中的反對派，則常認為這代表執政黨想要輕啟戰端，不然何必做聯合演習。加上一般民眾不想生活受到影響，導致這種應該是全民國防基礎的演練，卻連紙面作業都欠缺。

我們只能說，在正常狀態下的戰爭進度，還是會走到這套流程。因為軍事技術沒有超越時空的進步，狀況就不會有太大改變，差別只是我們會被逼著在逐漸面臨戰爭威脅時，被趕鴨子上架，邊做邊修正，將會少了很多餘裕來調整與練習。

本書全篇的基本觀點，是建立正確的觀念跟看法，若民眾越來越支持正確的觀念，把國防當自己的事而不心存僥倖，制定、修正民防各項計畫，並實際演練找問題，那麼國防部才不會把動員後備跟民間力量等相關計畫，放在最後才處理。

積極一點來看，促成民間自主性的軍事練習，也可以提供軍方退役人士工作機會，諸如民間靶場跟戰鬥教練，形成新的經濟形態，也不是壞事。

台灣人心裡要清楚，我們面對的戰爭威脅並非空談，人家只是現在啃不下來，不代表放棄了。要避戰就得先備戰，這是千古不變的道理。

十九、除了正規登陸作戰，中國可能採取哪種戰爭手段

我們要擔心的是，戰爭會改變生活形態，個人怎麼去應對？

第一個要想的，其實是政治問題。就是遇到怎樣的攻擊，台灣在國際政治上要做俗稱的「法理獨立」，立院跟總統明確通過修憲跟法令，跟中國徹底切個一乾二淨。只要在法律上做到這點，戰爭又能夠打贏，全世界就不會理一個中國政策。

但除此之外，有哪些是可能出現的外圍戰事？

1、攻打金馬外圍小島

中國要取得政治成果而攻打台灣，不是不可能，問題在於打了之後要怎麼收尾。通常最合理、也是最常被拿來恐嚇的，就是攻打外島。而這個外島指的不是金門馬祖

有大量居民的島嶼，而是大膽、二膽、東引、烏坵、東沙、太平島等，居民跟駐軍很少的小島。

為何如此？因為這是政治效應最低、軍事準備又最低、又可以被控制的地方。

簡單說，拿下小島對解放軍來說並不難，準備一個小隊，做點支援射擊後就登陸，宣稱奪下島嶼，沒有技術問題。問題是，若島上沒有駐軍，也沒有居民，那金馬守軍直接砲轟還擊，也不用擔心會有居民被炸死，那解放軍占領這種地方是要宣示什麼？到時候還要撤退會很難看，駐守不走的補給更麻煩。

若沒駐軍有居民，那麼這變成劫持民眾的概念。為何說是劫持？因為解放軍總得要補給，如果台灣決定不給中國增援補給的機會，要把事情鬧大，中國會想要來場沒有準備的全面戰爭？如果不願意，那遲早要降溫，那麼這批部隊該怎麼辦？直接離開很丟人，威脅台灣送上糧食補給，這不就是擄人勒贖嘛。

所以這種拿下小島的概念，只可能出現在台灣總統屬於親中派，但國會屬於反中派的情況，透過攻下小島做政治施壓，讓總統假裝受迫下進行妥協，主動讓出小島或是重畫軍事防守區域，也就是實質讓台灣的守備狀況變弱。如果不是這種狀況，攻下小島實際上得不到什麼好處。

2、攻打金馬本島

目前外島守備隊降到數千人的程度，所以金馬防務問題以及撤軍論又被提出。先不管撤軍論的理論，防務弱化是事實，所以解放軍要拿下不就是很簡單？這個問題要討論，就得要去認真思考，解放軍若要奪下金門馬祖，需要出動多少部隊？

金馬的裝甲部隊的確較弱，但要對付步兵還是沒問題，解放軍若想要動用大型登陸艦，送上坦克來攻略金馬的確可以，但這種大型裝備調度一定會被發現，突襲就是不可能。而金馬的防衛，目前的狀態達不到過去的標準，但要據守太武山一陣子還是沒問題。只是花了兩周全島掃蕩，對外宣稱攻下金門、馬祖，耀武揚威的目的在哪？

這就要回到解放軍的戰略構想了，為何要花心力攻下金馬，卻不對台灣本島進行攻擊？要採取這種手段，想必是有政治目的，那麼目的為何？這不是打無人島那種等級，攻打金馬必定會有大量死傷，若採取速攻則會傷及很多百姓。現在外島的聯繫也不是過去，網路立刻就能把大量傷亡照片傳到全世界，中國這樣做的理由在哪裡。

坦白說只有兩種可能。一種是台灣選出了親共反美的總統，金馬被打被殺後，選擇割出去認了，也不打算在國際政治上做出台灣獨立自主的宣言，更拒絕所有想要承認台灣去對抗中國的援助，擺明就是想投降統一。但話又說回來，台灣若選出會親共賣掉外島的總統，那就直接談收回就好，何必打仗？

另一種，是中國內鬥因素。只是想透過戰爭解決問題，打贏了拿到政治資本，後面弄到台灣要翻桌，來所謂法理獨立，再推給鴿派不想武統，時機已過也不行了。這種轉移內部壓力的區域衝突，中國過去做過好幾次，反正統一不了台灣的藉口很多。

只不過，不管哪一種，中國都要面對一個可能，那就是不只台灣要鬧大，其他國家也要鬧，那這後續政治效應就很難擺平。

3、攻打東沙跟太平島

這兩個地方的問題從來不是怎樣攻下，而是影響地緣情勢。東沙的地理位置卡在香港外面，今天不管是中國想要從廣東送出登陸部隊，還是南海艦隊要出港，都會遇到東沙這個鯁刺。這也是為何台灣放棄了那麼多南海島嶼，一堆外島的小島都沒有駐軍，東沙卻還必須守著的理由。

換句話說，你沒有想要認真的打台灣，直接打東沙沒有意義，因為東沙離台灣也不是說超遠，海空軍都可以支援，尤其遇到登陸圍攻的時候，海軍遠程用反艦飛彈就可以獲得很大的戰果，將寶貴的登陸艦損失在東沙好嗎？事實就是，當解放軍在南部戰區試圖規畫攻略東沙的計畫，國軍就去增援了，連美軍都開始派飛機繞來繞去，這意思很清楚，不會讓解放軍隨便派個幾十人就打下來。

太平島則是另一個大問題。台灣今天卡了太平島在南海上，確實有雞肋的感覺，但反過來說就是給予台灣一個介入南海的藉口。我們換個方式來說，假設菲律賓或是越南，跟中國在南海起衝突，台灣有沒有理由加入這場賽局？或者說，他們會不會覺得，必要的話就把台灣拉進去，畢竟台灣艦隊的強度，扣掉中國，放到東南亞是第一。

而就南海航道來看，美國會允許中國奪下最大的太平島嗎？所以說，這從來不是軍事問題，今天中國使用航母支援，要打下太平島真的不困難，但反過來說要守住也很麻煩。若周邊國家認真的想要奪島，中國艦隊就得要長期輪調駐守，中國的南海艦隊便會把一半軍力耗在這，有意義嗎？更不要說，若中國攻擊太平島，台灣會不會擴大打擊，把台灣周邊的解放軍軍艦打沉，或是反擊中國沿海？

誰規定戰爭只有單方面挨打，被打的都不能還擊？

二十、不使用武力攻台，而採用封鎖或是經濟作戰

這在謠言篇說過了，要封鎖台灣，不是不可以做，是不能做。不管是國際關係上的不能，還是自身能力的不足，正常的封鎖要有效，只有在對台發動武力攻勢時，「順便」封鎖。但這真的很蠢，開戰時沒有商船會想到台灣周邊，連中國也是。

封鎖是雙面刃，而且很容易升高到武力衝突

封鎖台灣的謠言很久了，一九八〇年代到二〇〇〇年還有道理，那是一個台灣的雷達與反艦飛彈效力未被驗證的時代。那時要封鎖台灣，可以在東海距離台灣較遠處，南海接近巴士海峽的附近，這種作戰都是有道理的。

但隨著我們取得F－16等先進戰機，以及紀德艦等大型水面船隻，中國要對台灣

進行封鎖，現在只有南海可行。能切斷台灣貿易與能源的地方只有這裡，其他都行不通。原因非常簡單，究竟要怎麼封鎖？

狀況假想一：解放軍艦艇在基隆港外海五十公里處，威脅一艘要入港的船隻掉頭。

這種狀況，台灣出動海巡或是海軍，直接面對面跟這艘軍艦對峙，對著商船說進來別管他。請問解放軍要怎樣阻止？直接開火嗎，那就是熱戰了。真要打仗，這種因為封鎖擦槍走火的衝突，怎樣看都是中國的問題，後面又不要全面戰爭，留下這種話柄幹嘛？

狀況假想二：解放軍封鎖艦隊在巴士海峽西南方海域一百公里處，威脅一艘油輪不得進入台灣，立即掉頭。

同樣的問題，台灣如果一樣出動艦隊在那邊對峙，解放軍要打還是不打？這跟狀況一都有一個解放軍無法閃避的困境，那就是都在台灣空軍的優勢範圍內，還涵蓋在陸地雷達以及反艦飛彈射程內。突襲開打，把台灣的軍艦擊沉兩隻當然可以，後面呢？保證整支艦隊會被反擊到殲滅。

簡單說，就是在台灣海空軍巡弋範圍，以及陸基反艦飛彈射程內的海域，想要進行封鎖根本是做夢。這種封鎖要成真，只有針對海軍實力遠遠遜於中國的小國才能成立。在台灣可以跟中國幹架的能力下，又不打算擴大軍事衝突，封鎖不過是違反國際法，給世界各國找麻煩的藉口。

而且誰規定只有中國可以封鎖台灣，台灣也是有艦隊可以開出去的，比照辦理為何不行。

大部分認為中國可以單方面封鎖台灣的，多半是基於惡霸心態，覺得中國可以蠻幹，其他人都得買單。如果是這樣，那美國在南海繞來繞去，怎麼不講話？不是宣稱南海都是中國海，那收個保護費不是很合理？拳頭就是真理，存在這種人的腦子內，而他們要說明封鎖可行，就得要先承認台灣弱得不行。

但這跟事實差距極大。

經濟封鎖對中國來說殺傷力更大

兩岸的三角貿易已經很多年了，單純看數據我們會覺得是台灣要仰賴中國，其實中國只是轉口，多半的產品最終都是輸出到歐美國家。白話一點說就是，台灣的確會失去低廉的生產基地，但中國狀況也一樣。兩岸的經濟依賴，從一九九〇年代開始，到胡錦濤任內的積極開放，再到習近平的割韭菜政策，過了二十多年，要說誰依賴誰，不如說是一種共生關係。

正因為是共生，所以中國想打經濟戰，就跟自己切自己一刀的意思一樣。如果中國打算全部自產，把台商都趕走，讓台灣產生大量失業問題，經濟凋敝民不聊生，可行嗎？

可以啊，這樣跟台灣的關係變成競爭，拚價格拚到台灣失血而亡，中國難道是血牛，一點損傷都不會有？別忘了跟台灣處在相同競爭位置的還有南韓，中國跑去紅海市場，會得利到誰？而在轉型階段中，台灣需要的是重建代工生產鏈的後端，成本會墊高，但也不是不能做，最多就是開放更多外勞，然後用社會福利、失業補助撐住。中國則要從頭把代工鏈上下游都建好，廠房可以新蓋、強徵台商企業、砸大錢狂蓋，但技術工人以及管理技術沒辦法花錢買。

許多人看到的都是表面，就跟看到中國官方宣傳的數據，就開始高潮大國崛起一樣，對於後面的管理經驗與技術，產業聚落與生產鏈的平衡，沒有去接觸是不會知道的。中國在這方面極端仰賴台灣的技術輸入，即便現在偷師到很多，也只是表面。台灣在過去二十年，沒有離開的企業都培養出自有的管理技術，再爛都比在中國的台商先進十年以上。

光看產值跟股票指數，就覺得可以分析產業？這就是台灣太多相信中國一定強的學者缺點。誠然，純粹看數字很強，中國錢也很多，但技術不是一蹴可幾。在業界待過就曉得改變不是一天兩天，就算買了歐美日的機台，用更進步的方式生產，工程師熟練要時間，新的機台影響全廠生產需要調整，全部都要平衡。

那怎麼會覺得中國砸錢就可以立刻搞定？

第四部　台灣以及周邊各國的真實戰略構想

對正規戰略研究者而言，國際權力平衡的三角形，是一個毫無意義的想法，只能拿來寫論文跟騙人，與真實情況完全無關。用官僚系統跟個人經驗，推估國家政策不會立刻改變，換誰當總統都差不多，這是偏見，認為戰略情勢是一種靜態發展。

研究戰略必定從武器著手，從武器構築戰術，戰術形成戰略，從戰略決定國家方向。但這絕對不是武器迷的想像，武器迷常有的盲點是覺得只要有某一款武器，就能夠改變地緣戰略格局。例如，中國狂粉會相信氣墊船可以載運大軍橫渡台灣海峽，以及台灣的軍迷會認為只要有反艦飛彈，所有的攻勢都可以被瓦解。

事實上，武器決定戰術是沒問題的，但武器能否進展到成為戰略性武器，完全要看時代背景，以及雙方的實力對比。世界上除了核子武器仍然是穩固的戰略兵器外，其他都沒有固定。

舉例說明：四千年前的中東，先製造出複合弓的埃及軍隊，就等於擁有戰略級兵器。因為弓箭射程多了人家幾十步，這在冷兵器時代，等於任何軍隊在沒有適當的防禦措施下，在平原、沙漠地形對埃及開戰形同自殺。但沒有人會認為，進到中世紀後的歐洲，擁有射程長一點的弓箭會是戰略級武器。

同理，對台灣來說，擁有飛彈與否是一回事，真正持有射程超過百公里以上的飛彈，才能開始稱之為戰略武器。這從地理來看最清楚。巴士海峽大約有三百公里寬，當台灣只有一百公里的飛彈，要封鎖海峽只能依靠飛機與軍艦，但當有三百公里射程的飛彈，從陸地就可以威脅與封鎖，這款射程的飛彈在此時此刻就具有戰略級意義。

對中國來說也是同樣道理。擁有三千公里的中程導彈，跟一萬兩千公里的長程導彈，對美國的意義完全不同。中程導彈會影響美國的地緣利益，但長程導彈才具有威脅美國本土的能力。對美國而言，哪一款是戰略威脅性武器，不言而喻。

所以，從這些武器的功能與運用，才能反推到各國的戰略意圖，以及他們的戰略格局。

二十一、美國的戰略構想

毫無疑問，美國是台灣周邊具有最強大影響力的國家，所以不先討論美國，其他的意義就不大。

美國在西太平洋的戰略，要放在全球架構下才說得通。以往在台灣的中國迷，會因為中國具有突破第一島鏈的武器，而開始幻想所謂美中瓜分太平洋，或是中國爭霸東亞的規畫。這是一點都不實際，也是完全錯估美國戰略思維的狂想。

維持航線暢通

對美國來說，**海權國家的最大戰略利益，在於「航線暢通」**，以及為了維持全球航線暢通，而在各地部署的軍事基地。除了打擊海盜、保護商船，還能威脅小國不要想打過路費的餿主意，積極性更在將大海周邊的國家納入同一個海洋貿易規範圈。這是由點、線、面構成的海權格局，不可能因為只是證明自己有突破某點的能力，就可以推導出美國將要放棄整個面的戰略，更不能從此得出國際霸權即將換人，而且還是和平換給中國。

從美國的角度來說，太平洋以西的重點在於跟澳洲的聯繫。日本在二戰真正知道自己戰敗的時機，是在知名的索羅門海戰，日軍在陸地上從新幾內亞到澳洲之路停止，海軍無法取得制海與制空權優勢，當陸海攻勢確定失敗後，日本軍官中有概念的，就知道切斷不掉美澳聯繫，打破不了美國的南北包圍鉗形攻勢，戰爭的失敗只是早晚。

現在西太平洋的最大戰略目標，是以日本為中心，維持日本作為西太平洋的屏障，封鎖俄國、中國進入太平洋。日本作為最重要的戰略基地，加上自己完全需要靠海運維持國家生存，海上自衛隊的增強就是美日雙方共通的利益。而美國維繫西太平洋的最重要防禦圈，也就是俗稱的第一島鏈，並不是真正的關鍵，第一島鏈是重要的一道防線，而不是防線本身具有超過其他戰略意義。

多數在台灣宣稱島鏈無意義者，是混淆了先後順序。先有美國的海洋霸權，才有西太平洋戰略，接著才是為了維持這個格局，第一島鏈具有關鍵意義。而不是島鏈本身就是最大戰略意義，這會讓人誤以為當島鏈被突破後就失去作用。以美國的立場來說，退守第二島鏈叫作備案，而且是萬不得已的作法，把島鏈的洞補上會是成本最低。

與第一島鏈有關的戰略意義，過去是西太平洋，現在擴充到所謂的「印太戰略」，意即**對美國來說，維持太平洋跟大西洋兩洋的航線暢通，才是最重要的價值**。而太平洋要向西邊延伸出去，就會連接到印度洋，在印度很明顯跟中國敵對的情況下，剩下的關鍵就是印度洋往西太平洋的南海海域。

南海海域的袋底是麻六甲海峽，新加坡很清楚自己的地位，不會做出美中真要打仗時，選擇投靠中國的蠢事。而南海周邊的國家海軍太弱，對解放軍可以構成騷擾，但沒辦法做出致命威脅，日本自衛隊又太遠，受限於憲法也很難主動出擊。

所以台灣就變成維持南海地緣優勢的最重要國家，據守南海的袋口，台灣海峽與巴士海峽，整個扼住日本與韓國等東北亞國家的生命線。這不只是攸關日韓，對中國來說也是，台灣海峽以北的中國港口幾乎可以肯定，在跟美國全面衝突之際，台灣跟日本都是兩把刀，可以直接切斷中國中部地區以北的對外管道。

而南海對中國來講也是很危險的，尤其南海是一個易攻難守的區域，占據小島只有平時價值，遇到開戰狀態，沒有優勢海軍就是被切斷補給，遲早會丟掉。中國之所以占著南海島礁，並不是要卡住美國的海洋戰略，是除了南海以外，遇到對美、日、台任何一個國家的衝突，僅剩下南部區域可以接受海上運輸，不守住這邊也不行。而為了擴大控制區，加上海軍不夠強，才會採取占據島礁形成陸海聯防的格局。

美台準軍事同盟

但中國占礁造島的作法就會直接衝擊到美國的全球海權。而台灣作為南海袋口，又是海軍戰力高於南海周邊的國家，島鏈中央的地位當然會提高。所以台灣對美國的價值，不僅僅是民主自由燈塔這種文化層面，就國防軍事面來說，更是具關鍵地位。舉一個常被誤解的事實來說明：為何美國販售給台灣的武器，常常是「庫存」的，而不是「新造」的？這也是許多台灣人認為美國只是想清庫存賺錢的理由，而不是真心想保護台灣。

庫存武器的直接移交，其背後代表的意義，其實是準軍事同盟。這代表今天台灣出了什麼事急需外購，美國不需要重新下訂單，直接把倉庫的包一包送過來就好。不僅台灣軍隊使用上都習慣，不需要重新調整，這還代表著如果美軍要偷偷幫忙、裝死的情況下，中國根本分不出來，來襲的飛彈是哪邊的。

海空軍的各式飛彈，以及常常聽說的「中科院每次要研發成功，美國就賣武器了」，其背後的因素，是美國把台灣當成軍事盟友來看。美國最擔心的就是，真的需要協助台灣時，沒多少方法可以用。直接軍事協防是一回事，萬一總統卡住不願意，國會慢吞吞之下，最快的辦法就是把庫存武器移交，這先斬後奏都可以。

而台灣研發武器到一定程度後，美國介入提供其他電子零組件，除了控制台灣不要主動攻擊中國外，也有保證後勤供應的意圖。畢竟同樣型號的零件，要更換維修總是比不同型號來得簡單。很可惜的是，國防部當然不能這樣說，台灣民間也沒有人公開說清楚，我們也能理解，但該說的還是要說。

對美國而言，放棄台灣是不可思議的，差別只是台灣要自我防衛到哪種層級，美軍會介入到哪種程度。即便總統想要賣台，軍情單位以及產業界都不會同意。講白話說就是，台灣會不會被打到很慘，用來交換中國的巨大損失？可能，美國也有理由這樣做。

但不代表就一定會這樣做，除非台灣人擺出一副你不幫我就投降的鳥樣。

設身處地想想就知道，若想幫助一個被霸凌的同學，結果這同學整天就是那種全世界都對不起我的樣子，幫的人會很甘願嗎？

到此為止，大家也應該看得出來，美國的海洋戰略是攻勢型的，對於任何有威脅全球海洋航線的對象，都會採取壓迫式的防守。歐巴馬的執政八年讓我們產生了錯覺，以為美國會容許中國進入太平洋，這在美國整體戰略上是不可能的選擇。

平時可以穿出島鏈缺口，跟要開打了還能出去，兩者是完全不同的意義，而這正是中國對台資訊戰意圖混淆的部分。

二十二、日本的戰略構想

二次大戰的日子已經遠去，但日本的生存命脈根本並沒有改變，就是對外貿易與能源生命線，這是所有海島國家都會面臨的問題。日本的能源生命線三分之二經過台灣海峽，貿易網路更是六成以上要經過，可想而知日本不會同意台灣落入敵對陣營。

受限於非戰憲法，日本現在只有美日安保的擴大解釋才能對外出兵。也就是日本的戰略，沒辦法主動但可以被動，在中國對台灣進行外島打擊、海上封鎖或是直接侵略，日本都有理由能夠派遣海上自衛隊，用保護本國船隻的名義通過台灣周邊。

就先不提中國面對擺明找碴的日本自衛隊要怎麼處理好了，一旦中國要攻擊台灣的北部方向，很容易就會切到日本的防空識別區內。船艦要進入太平洋，在日本不開放海域的情況下，只有宮古海峽可走，這代表解放軍的戰術手段會被限縮。而這正是日本在西太平洋目前的戰略目的，屬於被動式的防禦戰略，而且要配合美國的印太戰略運作。

日本在非戰憲法解除前，都不會恢復攻勢戰略，但就海上自衛隊的實力來看，法律上只欠合法性，軍事上缺的是海外基地，以艦隊本身來說，早就超過單純自衛的能力。而以日本的角度來說，一旦非戰憲法修正，就會加速朝暢通日本海到南海的航線安全，不會讓中國取得海上優勢。

一旦讓台灣跟南海被中國控制，日本會夜不成寐，屆時不轉成攻勢戰略，取得海上優勢，日本不跟中國低頭都不成。這就是日本與大清國開戰，發動稱之為甲午戰爭的真正理由，東亞兩大海權國家必須為了誰成為海上霸主決一死戰。

日本現狀屬於戰略守勢，但隨時可以轉成攻勢。

二十三、南海周邊國家的戰略構想

南海周圍的國家，海空實力都不高，無法與中國一爭勝負，尤其在中國航母艦隊成立後，南海周邊諸國更是難以招架。而南海諸國基本上沒有遠洋海軍的實力，所以會選擇找尋更強大的國家同盟，以保障自身安全。

這道理很簡單，南海周邊的經濟發展，還是不脫海上貿易，菲律賓、馬來西亞、印尼、越南，發展良好的都市都離海不遠，不管是漁業需求還是貿易外銷，都得要確保海上安全。而九段線是難以揮去的陰影，南海諸國必須要擔憂遠方的中國，而不能在自家門前宣揚合理的海上權利。

台灣人都過度放大了南海周邊國家彼此爭執的點，每次在討論南海主權時，都不經意地把台灣宣稱的十一段線，與中國的九段線重合，還會刻意說明南海國家彼此也會奪島。

但究其根本，南海國家的彼此爭端，頂多是零星小規模衝突，都屬於口頭到書面抗議的範圍，並沒有不能妥協的地步。偶有爭議的小島都在較遠處，這些都是可以談的部分。他們不能接受的反而是中國直接填海造陸，把島礁做成人工島再去延伸領海的作法。

中國如果放棄了南海戰略，周邊國家就沒有理由找美國進來斡旋，因為即使美國沒有領土野心，只在意航線安全，也沒有國家會喜歡別人家的軍艦動輒通過附近海域耀武揚威。

但中國不可能放棄南海戰略，這在之後中國的戰略構想那一章會提到理由。這導致南海周邊國家的戰略方針，就會一直選擇靠美國壓制中國，除非中國回到胡錦濤年代的默契，以經濟合作取代軍事衝突。

可是回到之前的作法，就代表中國得要廢棄人工島礁，並取消軍事部署，目前來看是做不到。基於此點，南海國家的戰略是採取守勢，若中國弱化就會採取攻勢，奪回周邊的島嶼。

但也不能就此認定，南海周邊諸國將永遠保持此一態勢。印尼有二億七千萬的人口，菲律賓也有一億，即使是馬來西亞亦有三千二百萬，隨著國際貿易與經濟發展，國力均穩定上升中，印尼更開始建設現代化海軍，雖說與中國相比仍有不小距離，差台灣也很多，至少說明南海國家只要有餘力，絕不會輕易讓出周邊海域的影響力。

二十四、印度的戰略構想

印度在傳統上是不結盟政策，保持與強權的距離，並從中謀取自身最大的利益。這在概念來說非常現實主義，所以照道理而言，印度跟強權之間的衝突應該不大。理由主要出在印度本身的軍力結構，在海軍上的發展並不快速，可以說直到二十一世紀後才有比較明確可以執行的戰略。而近年提出的東進政策，即是印度對影響印度洋的自信，已經高到可以向外輸出的程度。

對照過去的歷史，印度並不會企圖在海洋上挑戰美國的海權地位，追求的是地區性的安全保障。這也並不難理解，因為印度從建國至今，都沒有表達出世界霸權的想法，既然沒有衝撞既有國際秩序的打算，那何必自找麻煩。而印度目前的實力也不足以建立橫跨大海的海軍，既然實力支撐不起，主觀意願也不大，就沒必要做此規畫。讀者可以將之對比中國的作法。中國在建立海軍後，就隨著國力增長，不停地把勢力延伸到南海、印度洋、太平洋上。

那麼，印度的戰略規畫是什麼？其實是地域性的，嚴格說屬於較偏重防守型策略，東進政策與其說是呼應美國，不如說是海軍實力成長後的自然表現。基於此點，印度的整體規畫在印度洋中算擴張，但並不打算挑戰美國，至少就可見的未來，都沒有實力做到，自然不需要挑戰。如果要看成是一種山大王的心態也可以，只在伸手可及處宣示主權。

那為什麼美國的印太戰略公布後，就讓中國如坐針氈？這其實是中國一帶一路戰略，在海上路線幾乎完全涵蓋了印度傳統認知的勢力圈，而中國在邊境上與印度的衝突數十年，始終都沒有解決。

換句話說，印度的整體戰略上，瞄準中國是現在進行式。首先是頭號假想敵巴基斯坦，巴國跟中國的關係極為密切，可以說沒有中國的援助，巴國今天對印度的威脅就會大大減輕。其次則是傳統上與印度有海上糾紛的國家，緬甸與泰國不是太弱，就是衝突不算大，而中國想要衝出印太戰略封鎖之路，就挑上緬甸來合作。

也就是從印度的角度來說，中國是在邊境上曾有戰爭的對象，又長期援助印度東西兩方的國家，其中還有固有假想敵巴基斯坦；而中國崛起後又在海上積極前進印度洋，嚴重干預到印度既有的勢力規畫。若中國的擴張單純只是經貿利益，那問題還不大，但中國在緬甸租借港口、島嶼，明顯將手伸進來，就不能等閒視之。

印度的東進政策，要說是呼應美國，不如說要防堵中國，最直接的就是封鎖艦隊。畢竟中國要從陸地威脅印度，橫跨青藏高原難度太高，透過東南亞各國又太間接。故以印度的角度來看，跟東南亞交好、結盟，將解放軍圍堵在南海上，遠遠比在印度洋上對峙來得好。

當然，台灣一直有人在問，為何只有美國可以當霸權，中國不能挑戰，而印度必然會抵抗，難道不會出現印中合作抵抗帝國的可能？

這是因為在印度建國之初，現狀就已經是英美主掌海洋，截至今日海上貿易路線都還是受惠於此。反倒若讓中國衝垮了既有架構，對印度而言的利益何在？中國有提出新的秩序，可讓印度感受到比原有的利益更大的條件嗎？

如果都沒有，印度為何要接受解放軍干預印度洋。

二十五、澳洲的戰略構想

說到澳洲，台灣人大概只有友善動物的印象，受限於地球球面投影為平面地圖，所以一般人對於大小與距離概念會失準。澳洲人口雖與台灣相差無幾，但面積居於全世界第六，有豐富的農產與礦產資源，是世界上重要的國家之一。

澳洲的戰略規畫，一直都圍繞貿易，以維護貿易順暢為主。畢竟澳洲地處南太平洋，最近的一次威脅是二次大戰日本的侵略，直抵新幾內亞到澳洲的門口才被阻止。二戰後澳洲幾無威脅，所以對於軍事的準備，以同樣國力的國家來說相對是較低的。但這不代表澳洲沒有對外的軍事行動，除兩次大戰外，韓戰、越戰、波灣戰爭都有參與的紀錄。

澳洲的軍隊小而精，空軍的素質更是優良，但很明確的屬於防守型戰略，對外出兵比較像是基於盟邦義務，更可以說是清楚自身地位與英美盟國的連結。

防守型戰略近年在美國的印太戰略中逐漸轉變。這毫不意外，依然是中國崛起的因素。澳洲本就是處在美國的海洋勢力圈內，經貿發展依存既有的秩序，中國身為挑戰者與衝突者，當然會受到警戒。

澳洲近年積極取得潛艦，與法國購艦破局後，目前確定從英美取得核動力潛艦，讓台灣不少人開始關注，更多的人是不解，地處偏遠的澳洲為何要跳到印太戰略中？這其實還是地圖的誤解，澳洲的位置距離東亞與印度洋是差不多的，若以潛艦的航行來看，抵達南海約莫二千多公里（到達台灣南方約三千多），換句話講以澳洲的角度來看，南海到印度洋的航運安全，絕對是自己可以影響的範圍。

所以要說澳洲是附屬於美國海上秩序，廣義來說也並無不可。但若我們長期觀察，會發現澳洲還是站在自己的立場，在既有秩序不受到威脅的情況下，實在沒有必要發展海上實力，畢竟太平洋本就屬於美國勢力範圍。這反過來看，狀況就很清楚，如果中國崛起，純粹只是地方霸權，沒有改變既有規則的作法，澳洲沒有必要也不會轉變其戰略往攻擊、或說是積極的守勢走。

然而，中國對澳洲的干預一點也不少，這是其國家思維的展現，因為澳洲的農礦產輸出對於中國來說太重要了，所以要想盡辦法讓澳洲傾向中國，以保障自身安全。

想法是沒錯，作法卻實際干預了澳洲內政，導致近幾年澳洲對中國的反感急速增加。

換個方向想，如果南海被中國徹底控制，以澳洲的角度來說，形同對外貿易管道被整個掐住，對於一個以貿易為發展主軸的國家來說，是死活的問題。故澳洲的轉變，完全屬於意料中事，改變澳洲戰略走向的，其實是中國自己。

二十六、中國的戰略構想

中國的守勢戰略

先破題讓大家知道，中國的戰略方針到底是什麼。有人會認為是要建立藍水海軍，跟美國抗衡奪取海上霸權；也有人認為是要占領台灣，獲得大陸的安全圈。所以航母跟彈道飛彈等武器，毫無疑問的都是攻勢武器，現在中國採取的是攻勢戰略。錯。中國的戰略指導，從毛澤東開始到當代，全部都是戰略守勢。

啊？怎麼會？認為是我們在唬爛。並沒有，那是因為中國共產黨體制向來不說真話，而且如果可以「騙到」，那就騙下去看能不能撈到一些好處。中國的建軍體制，基本上都是為了防禦，而不是攻擊。

這要從歷史說起。毛澤東在北京宣布中華人民共和國成立後，就一直積極想要擺脫蘇俄的控制，但做不到。後來總算有點信心，卻在韓戰徹底吃癟，這在彭德懷、周恩來、林彪以及毛澤東的談話中，都可以看出端倪。

林彪直接反對抗美援朝，周恩來向史達林積極爭取俄軍的投入不成，彭德懷更是在面對美軍後驚覺現代戰爭超乎他原本的想像。工業大國發起的戰爭，不是當時落後的中國可以追上的，而且毛澤東一直遇到不間斷的台灣騷擾，以及美國常常不經意的核子威脅。這是促成中國積極發展核子武器的原因，來自超級不安全的恐懼。

後來，中國在越戰獲得了一定程度的自信，了解到戰術適合的情況下，擊敗美國不是不可能。而懲越戰爭、珍寶島衝突，都給了解放軍相當的信心，在條件適合下可以與兩大強權衝突。這個思維一直到了蘇聯撤軍阿富汗後都沒有改變，建軍原則也都是大軍團編制，強調陣地、壕溝等利用地形地物，誘敵深入的作戰方針。也就是說，中國到此時此刻，都還在擔憂美蘇兩國會找理由進攻中國。看其武裝編制，有多防範蘇俄的陸軍南侵，害怕美國從海上進攻，就可以知道這種不安全感從未消失。

在蘇聯解體後的東歐共產解體浪潮中，中國共產黨被嚇壞了，精神層面如此，但在物理層面上感到真正的恐懼，是第一次波灣戰爭。當時所有中國的軍事專家，沒有一個做出正確的預估，全都認為美軍會陷入伊拉克的泥巴戰術，會勝利但會取得慘勝，預估五十萬聯軍至少十萬以上死傷。

結果出來，解放軍受到的震撼，比地動山搖還要誇張，劉亞洲將軍就立刻提出軍隊改革的建議，不過因為改革太過劇烈慘遭冷凍。但這不代表解放軍當了鴕鳥，他們之後就開始進行軍事事務改革，針對現代化武器的研發、生產、外購，投入非常多的心力。毫無疑問的，中國人民解放軍是很認真地看待波灣戰爭，因為他們發現準備數十年的心血，會在未來的衝突中，被美國輕易地殲滅殆盡。

這導致了中國軍制改革走向了兩條道路，一條是軍區改革，已經不能用傳統思維建構大軍團，量少質精的機械化部隊戰力還比較好，同時還可以拔掉地頭蛇，避免軍閥割據。另一條是海洋戰略的更動，中國選擇了蘇聯的道路，建構大量飛彈巡洋艦，以及後來購入的航空母艦。

發展不對稱威脅

說來說去，中國最害怕的還是美國的入侵。在台灣不會反攻大陸後，已經不需擔心數十萬大軍的侵略，但海洋與天空被美國掌握，始終是不安全的來源。所以大家應該可以理解，為何中國近年積極發展海軍，但不是學美國的編制，而是以飛彈艦隊為主體，加強防空與反潛能力。

但中國這樣發展，永遠也追不上美國，窮兵黷武又沒效果，到底是在想什麼？這也是多數台灣人想不透的地方。

基本上，中國的抗衡美蘇策略，建立在羅布泊的核武試爆上。不對稱作戰並非喬良寫了《超限戰》才發明，他只是拿來寫小說，沒想過會大賣。中國很清楚傳統軍力抗衡不了美蘇兩大強權，僅有發展核武做出不對稱威脅才可以，也就是即便亡國也要你嘗嘗斷骨削肉般的痛苦。

是故，中國所有的窖射長程核子彈道飛彈，目標全部設定在美俄的大都市，從未瞄準軍事基地過。而為了延長固定式發射長程彈道飛彈的生存性，讓飛彈在承受敵方第一擊之後仍可反擊，因此發展了上千公里長的隧道系統，這也都是防守式概念。

美國為了避免長程核子飛彈被第一擊消滅，準備的方法是核子彈道飛彈潛艇，以及二十四小時升空輪替的攜帶核彈長程轟炸機。舊蘇聯時代的俄羅斯也差不多是類似的準備，只是數量遠低於美國。中國始終都做不到全面反擊的程度，所以只能不對稱的盡量保存戰力。

要對付俄羅斯，固定式長程彈道飛彈，以及可移動式發射車，都還有辦法把核彈丟到莫斯科，即使第一擊被摧毀，總是有夠多的中程彈道飛彈可以毀滅俄羅斯大城。但對美國則是一籌莫展，射程可達美國本土的發射基地，都在美國衛星的全天候監控下，開始添加燃料階段就會被發現。就不提先被核彈反摧毀，只要隱形轟炸機閃過所有防空網而來，就可能讓中國失去核反擊能力，也失去威脅美國的戰略手段。

所以中國最後一條路，唯一能夠威脅美國百萬大城，有效摧毀的辦法，就是「**核子潛艇攜帶潛射式核彈頭彈道飛彈**」。

看到這邊，應該就可以理解，中國人民解放軍的海軍編制為何那麼奇怪。

首先，東海艦隊沒有潛艇配置，因為出海後就是大陸棚，根本沒有地方給潛艇躲在台灣與日本的強大反潛能力下，想要躲避監控進入太平洋，通過第一島鏈到太平洋中部，對美國全土發起核攻擊的風險太高。北海艦隊過去也沒多少潛艇，因此全部放在南海艦隊上，大家可以理解其中的道理。

從南海基地出航，雖然也都是大陸棚，但出海方向選擇很多，無論是通過巴士海峽，還是走菲律賓以南的路線，總是有一些管道可以鑽，不如北海艦隊基地出港後的路線限縮。但這會遇到一個大麻煩，那就是美國過去對蘇聯的反潛艇策略，就是一對一的潛艇盯哨，你駛出一艘核潛艇，我們就跟上一台攻擊潛艇，尤其中國潛艇的噪音很大，在大陸棚中幾乎沒有隱祕性可言，被台灣的反潛機找到是一回事，想躲過美國潛艇的獵殺幾乎不可能。

為何中國設定北海與南海航母艦隊戰鬥出航，都有大批潛艦跟隨？至此原因大家就懂了，根本就不是潛艇要護航航空母艦，而是完全相反。是航空母艦要張開對空防禦網防止反潛機，飛彈艦要保衛航母不要太快被擊沉，驅逐艦要在航線前方先找到伏擊的敵方潛艇。

如此安排的目的只有一個，衝過宮古海峽或是巴士海峽，**讓攜帶核彈的核動力潛艇可以進入太平洋**。唯有如此，中國才有威脅美國的能力，玩起真正的「膽小鬼遊戲」。

防禦美國的攻擊

先前在台灣西南的台灣灘，據說中國不停地派遣反潛機，台灣還有人說是要確定此區水文是否適合躲藏潛艦。今天也可以把話說清楚，因為那個時候，不是只有中國或是美國的潛艇在那裡，而是中國非常害怕在這個時候，有美軍的潛艇潛入南海，讓南海艦隊的核子戰略出港即破滅。這也代表習近平是很認真的要解放軍規畫對台動武，而解放軍也很清楚這代表他們要面對什麼。

而這場行動，暴露出解放軍的弱點，遠遠比優點來得多。但解放軍也沒辦法，最高指導戰略就是如此，只要沒有可以威脅美國本土的核子攻擊，流氓戰略跟不對稱作戰，對美國都起不了作用。

中國從建國到現在，都在害怕來自海上強權的攻擊，到今天仍未改變，只不過順便可以拿來打台灣而已。認為把武統台灣當成中國建軍原則，以稱霸東亞當作戰略目標的人，統統搞錯方向。從航空母艦艦隊的設立，以及防空識別區區域拒止戰略，全部都指向防禦美國的攻擊，並對美國本土產生威脅能力。

除此之外其他戰略都只是順便，如果可以唬爛到其他人，得到很大的戰略利益，那就萬萬歲。

中國共產黨最在意的，是自己不要淪落羅馬尼亞獨裁者西奧塞谷的下場，軍隊是用來保護自己，跟掠奪人民用的。解放軍對台灣最大的傷害不是戰爭，是台灣主動投降後被吃乾抹淨。

若可以詐騙到主動願意把全家老小獻出，何必上門搶劫。

二十七、台灣的戰略構想

基於機密不能洩漏的原則，關於台灣的戰略構想在此只會根據公開資料跟新聞，在適當的範圍內解說。

首先，我們以往認為，台灣守備計畫中，是以海空軍為主，陸軍為輔。而開戰後為了保存戰力，海軍會進入太平洋，空軍會轉場到東部起降，陸軍則是把大量義務役的後備旅，送到前線去阻擋登陸的解放軍，以保存志願役為主的精銳。

這種想法，其實國軍從來沒有證實過，所以我們也不知道為何有這種想定。兵推因為是純粹的數字推演，所以戰力較弱的後備旅拿去消耗解放軍戰力，或是交換解放軍寶貴的飛彈，是邏輯上非常合理的選擇。可是這絕對不代表戰略方針是這樣，以及建軍目標是如此。

更應該說，台灣的西岸以陸軍數量相比，若加上開戰時動員的後備部隊，數十萬大軍的密度算是舉世最高的地區。在此狀況下，沒有前線跟後方，解放軍不會笨到只打擊輕裝步兵單位，不知道要先消滅裝甲部隊。那為何有這麼多的傳言？這就只能問軍方，為何還是保有數十年一貫的好習慣，不對外澄清也不否認任何事。

但就以公開新聞可以推估與判斷的部分，我們可以說軍方從來沒有想過要用血肉去堆屍體擋解放軍，因為毫無必要。

防禦戰略武器

台灣的戰略目標無疑就是防禦戰略，要避免中國侵略台灣成功。而中國要登陸成功，就得要先掃除海空障礙。但即使掃除成功，登陸作戰也是要面對台灣陸軍，在之前的篇章也說過，登陸後怎樣占領全台更是一大問題。

這邏輯逆推過來，就能充分了解國防部的思維，以及美國打算要幫助台灣到哪一種程度，建立何種戰略構想。

第一，M１坦克的購入。這代表解放軍的登陸成功，必須建立在制海制空權的全面成功之下。因為中國登陸部隊可以送上的坦克，都是中型以下，或是水鴨子等級的裝備，遇到M1坦克就是被推下海，沒有任何僥倖。以往國軍還在使用M60戰車跟勇虎戰車的狀況，的確可能被單兵攜帶的反裝甲兵器擊毀，但M1取得的意思，其實是美國釋放的訊息之一，要解放軍不要心存僥倖。這代表解放軍上岸後唯一的攻擊方向，除了港口以外沒有其他可能。

第二，空騎直升機部隊的建制。台灣擁有百多架攻擊直升機，以世界標準來看的密度很高。高火力跟機動性的支援，完全針對解放軍登陸的少量坦克，以及可能運用的氣墊船。若台灣的直升機部隊都還在，那麼解放軍要保護登陸艦艇搶灘成功，送上坦克進行侵略，就需要護衛艦開到距離岸邊很近的地方張開防空網，不然裝甲部隊一上岸遇到空騎直升機就死定了。讓軍艦衝入台灣海峽中非常冒險，大幅增加解放軍渡海難度。就算解放軍奪下港口，也隨時面對港口無法使用的威脅，因為港口即便被奪下，直升機的高機動性也可以隨時摧毀登陸部隊。

這還只是陸軍，不包含美國長年協助建立的空對空飛彈、防空飛彈與反艦飛彈網，不是只要台灣變成刺蝟，更深層的意思，是把台灣從「軍事附庸國」看作「軍事準盟友」，要台灣負責西太平洋封鎖中國的區域任務。用這個角度去看美國近年對台軍售，就可以理解美國對中國的軍事態度已經完全轉變，不再抱有期待，而是認真地從對手變成敵人。

台灣在此情況下，精實案後多年，於先前公布的國防部後備方案，也可以看到很大的轉換。以往的構想，是現役部隊出營區進入陣地，後備部隊形成數量優勢，去包圍解放軍登陸部隊，並阻止奪港的進攻。由於義務役的戰力低落，後備指揮部不受重視，才導致歷年兵推常出現犧牲打的戰術。

但國防部新的方案，很明顯看出軍方對全志願役組成的後備旅已經深具信心，足以擔負與現役部隊所差無幾的任務。而其他尚未除役的義務役以及軍事訓練役的士兵，則轉成定點城鎮守衛，與民防單位的功能重疊。這說明軍方對於本島守衛戰的信心十足，才會做出功能性的安排，不然會照以往的以量取勝做出規畫。

新軍售武器扭轉戰略

而近年美國出售台灣的多項軍售，海馬斯多管火箭、增程型距外陸攻飛彈（SLAM-ER）、F－16新式偵照莢艙（MS110），四百枚魚叉飛彈與發射車、雷達車，所代表的戰略意義更深刻。

海馬斯多管火箭射程涵蓋全台，只要躲在山區、林間，根本不需要移動，就可以攻擊灘頭的解放軍登陸部隊，若更改彈頭還可以直攻中國沿海的登陸部隊。這顛覆了中國以往的戰略構想，依靠S-400飛彈防範台灣F－16戰機的空對地攻擊，現在只要在台灣本島就能對福建沿海的登陸艦攻擊，等於中國要分散到更遠的地方才能確保登陸安全。在過去，解放軍設想的是，集中攻擊、登陸一個地方，針對具有毀滅灘頭登陸部隊的多管火箭與砲兵車輛，解放軍可以趁其移防到灘頭射程範圍內時，用空中攻擊對付。但有了海馬斯的高射程，意思就是待在中部山區掩蔽不動就好，全台可登陸灘頭都在射程內，不須移動也能攻擊，解放軍就幾乎沒轍。

SLAM-ER與F－16新的偵照莢艙，都是類似的概念，SLAM-ER讓空軍大幅提高對地攻擊能力，偵照莢艙則增加了台灣對中國沿岸偵查的能量，加上數百枚射程一百二十公里以上的魚叉飛彈，這代表台灣已經不用被動反擊，可以說授權台灣可以主動攻擊。我們不能依舊認為中國要發起進攻時，台灣除了被動等待外毫無辦法，狀況已經變了。除此之外，機動發射車非常難以被摧毀，中國想要登陸，不摧毀反艦飛彈就是自殺，縱有百萬大軍卻無船可用，等於白搭。而飛彈的射程代表著，解放軍已經完全不可能在福建沿海地區將登陸部隊上船，勢必往南北分散。

彈道飛彈數量絕對不足以徹底摧毀台灣的空防與反艦措施，又得要花上更久的時間奪取制空權，還得花精神找到陸軍的機動車輛摧毀，只要沒做到這種程度，登陸作戰就是做夢，不具備可行性。

不要說武器改變不了戰略構想，若今天台灣即將被中國攻擊，美國總統擺明不想支援，但賣出去的武器可以收回嗎。台灣在中國登陸部隊上船後，就隔海發動打擊，能被說是先開第一槍嗎？以前是沒有多少這種手段，現在台灣該有的都有了，所以中國才鬼叫這是破壞和平，破壞他們平靜登船侵略的主意。

擁有打擊手段但不想用，跟沒有打擊手段故不能用，戰略上的主被動意義完全不同。

以台灣現狀來說，解放軍如果在開戰初期，出海的艦隊突破不了在海峽被擊潰，先進戰機損失過大，這形同空中清出長長的走廊。目前台灣現狀是有能力反過來攻擊中國沿岸基地，甚至是朝向沿海各大港口攻擊，誰規定台灣只能挨打，不能反擊？

而台灣的戰略會從消極防守到積極防禦，進化到現在的攻勢防禦，也不完全是依靠美國的善意，還要看國民有沒有那個抵禦的心，要相互配合才能產生。若今日台灣全都一副投降烏樣，美國才不會想給你東西，有錢也不賣你。

各國戰略總結

總結各國的戰略構想，最重要的是「既有架構」，若在既有秩序下是得利者，就沒有破壞秩序的誘因。要改變原有的架構，挑戰者就得要提出更佳的條件，至少在整個西太平洋到印度洋間，中國都是挑戰者，而非秩序的維護者。中國當然有權力挑戰這個架構，但沒道理別人就一定要買單，尤其是受惠於原有體制的國家。

其次，在既有架構下，各國都是站在本身的地理環境去思考，在本國的利益屬於何者下，討論怎樣發展戰略才合理。像是貿易對日本極為重要，發展海軍保護航線合於常情，印度國力逐漸上升，想要保護自己的勢力圈也是合理。

反過來說，南韓有沒有感受到日本威脅？就算於理沒有，情感上也很難接受。同樣的在印度周邊，緬甸跟泰國也要發展自己的海軍，畢竟要承認大海就給印度管，作為一個主權國家來說很難說出口，尤其是東南亞諸國的經濟條件逐漸改善，軍力慢慢提升後，沒有國家會放棄的。

說到這，就簡略說明南韓的狀況。南韓近年會親中，跟北韓的態度是有連動的，類似敵人的敵人是朋友。站在南韓的立場，北韓是有能力發動陸地直接進攻，海空軍當然是優先用來保衛本國防線，因此不會主動參與到「台灣有事」的周邊衝突上，跟日本的立場截然不同。

把視野轉到印度洋，我們可以認為，緬甸因為在印度隔壁，所以必然敵視印度，選擇跟中國交好？就歷史上，緬甸跟中印兩國都有過衝突，要說誰的仇恨比較大還很難講。我們不能單純地從地圖來看，就判定誰一定支持誰，都有種種脈絡要談。

像是澳洲對中國崛起的態度本屬中立，但在南海情勢與介入澳洲內政後，其想法就轉為負面，開始認定中國與二戰前的日本帝國是同類形態，自然開始積極對抗。而更遠的紐西蘭為何不會同起反應？因為地理形勢更加偏遠，中國要伸手到實際能夠威脅還早得很，而且有澳洲在前面擋著，就不需要擔心太多。有人會把紐澳綁在一起，就是忽略各國各有其考量的道理。

更重要的是，絕不能單純地用某國發展了什麼，就代表絕對是跟誰要衝突，或是跟誰就必定結盟，在國際政治跟戰略上沒有這種道理，尤其在整個印度洋到南海上。

每個國家都有主要跟次要敵人，重要跟緊急問題，而彼此之間都有互動，我們在探討彼此互動的時候，要站在該國的立場去思考，而不是僅用自己的角度觀察。

最後，放大整個地圖，拉大觀察的尺度，會讓很多事情清晰起來。

結語

寫這本書的時候，我們都知道一定會面對兩種聲音，一種是斥責本書是國防部的大內宣，只想聽好話不想說事實，另一種則是認為太低估解放軍，沒有做到料敵從寬的思維。

我們的回應是：

「對，台灣本來就欠缺正確的對內宣傳。威權時代只要你服從命令，從不告訴你為何而戰，民主時代的國民當然要對國家戰略情勢有所了解，對國軍有正確的認知，更對敵人有清楚的認識。

「正確的認識不靠宣傳，難道要靠謠言去亂傳嗎？」

台灣並不弱。會有弱國的印象是因為我們在太平洋的對岸是美國，北方是日本，西方是中國，全都是超過台灣十倍國力以上的國家，軍隊實力也都超過台灣甚多。但是，戰爭從不是打電動，要看時空背景，更要看當下的國際情勢，沒有純粹兩國拿兵器放地圖打戰棋遊戲這回事。

其實大家都知道戰爭不是只看武器數量，而要看各種條件，只是很多人蒙著頭死不相信而已。不信？去街上隨機問一百個人做問卷，題目如下：

1、美國跟中國全面開戰，誰會贏？
2、中國跟台灣全面開戰，誰會贏？
3、中國在怎樣的情況下可以贏過美國？
4、台灣在怎樣的情況下可以贏過中國？

絕大多數人，第1題都會說美國，第2題都會說中國，而且不分藍綠色彩背景，意見幾乎都很一致。但講到第3題跟第4題，就會根據泛藍泛綠，產生完全不同的結果。

泛藍的會認為第3題，中國的確可以在某些條件下擊敗部分美軍，但台灣絕對不可能在任何情況擊敗一部分解放軍。反過來泛綠的認知也差不多，只是完全顛倒。這難道還不構成要我們認清，台灣人根本就沒有清楚的國防認知，只是憑感覺嗎？為何同樣的情況，中國可以但台灣就做不到，總得有個理由吧！

我們從沒聽過可以信服的理由，是基於科學分析與過去的戰例，全都是要你「必須相信中國絕對會贏」這個前提，那根本只是「信仰」。

在此，還是把前文提過的簡要複習一下，把常見的老問題再講一講。

奪島作戰的難度

登陸奪島作戰很難，非常難。

這不是台灣人講的，是美國人說的。而地球上在這百年內，累積最多登陸作戰經驗的國家，就是美國。你不相信有經驗的國家，告訴你各種登陸戰有多困難，反而去相信沒有這種經驗的中國，可以發明出超乎想像的登陸戰？

這就像是考試一百分的人告訴你，怎樣念書如何準備，你卻說我不信，反倒去相信那個從未考過試的，一定一次就滿分。

這是哪來的信心？

奪島的難度在哪，根據過去美國在太平洋的經驗，全面掌握制空權、制海權的狀況下，要把掩蔽良好的碉堡全部炸翻，依然是不可能的。而這隨著兵器的演進，登陸只是越來越困難，防守的工具則是越來越多。

確實，現代炸彈有鑽地型，也有超重量級，可以炸毀防禦工事。但反過來說，面對滿島跑的機動車輛，以及到處都是高樓大廈的城鎮化台灣，你怎麼確定守軍躲在哪？裝甲車輛跟機動飛彈發射車，會躲在哪一個倉庫或是哪個清空的一樓？台灣不是硫磺島，美軍還可以全島無限制轟炸，有兩千三百萬人的「島」還能稱之為「小島」？

沒有正常人會認為解放軍的火力會超過美軍，而美軍都做不到的事情，卻認為解放軍可以，不僅可以，還能做到全島無條件轟炸大屠殺，這已經超過科學的層次，純粹是信仰。

解放軍要占領台灣，只能先把手上的彈道飛彈與長程火箭用光，盡可能地打擊固定軍事設施，削弱看得見的防禦，再用夠多的船艦與戰機，不停地跟台灣守軍纏鬥、消耗，在勉強取得制空權下，對地面的各式裝甲、飛彈車輛攻擊。為何要這麼做？不然解放軍的登陸能力，就頂多送上輕裝步兵，以及中輕型裝甲車輛，這面對台灣重戰車、直升機、砲兵與多管火箭的打擊，幾乎沒有生存能力。

而在台灣取得數百枚魚叉飛彈後，加上本來就研發多年的雄風系列飛彈，要把解放軍少數可載運重型坦克的登陸艦擊沉，數量不僅綽綽有餘，還足夠將護衛艦全部摧毀。我們就算開戰後一半的反艦飛彈會被摧毀在發射架上，剩下一半只有一半的命中率，也就是僅有四分之一會擊中解放軍的軍艦，這數量就是兩百艘以上了，但解放軍哪來兩百艘的大型登陸艦可以耗損，整支艦隊都會不見。

然後就有人說這是反艦飛彈信徒。

共產黨最大的武器就是不停發明名詞，當他們不知道該怎麼解決問題，就安你一個帽子，說你是走資派、宗教信徒狂熱者，反正貼上標籤後，就能開始罵對方是因為信仰才亂講話，他才是對的。

那就隨他們去吧，這種中國無敵論者不需要說服，我們只需要建立正確的認知就好。

而且奪島作戰在台灣最大的問題是，中國的敵人不是只有一個，解放軍永遠會注意著美日兩國軍隊的動向，小心翼翼程度遠比台灣的信徒要高得多。

斬首作戰的難度

斬首作戰一樣不大可能。談這種作戰的都不提時空環境，前文破除謠言的篇章就提過了，如果是和平時代，刺殺總統後若沒有對台侵略，到底要幹嘛。都要開戰了，總統等要人身邊的防護都會加強到無法做到，第五縱隊根本就沒機會，除非「滲透到總統府內，有去無回的自殺攻擊」。

另一個可能，就是使用飛彈斬首。多數人會拿伊朗將軍被斬首的例子來比喻，但這是完全沒有意義的對比。因為美國是完全知道他人在哪裡，而伊朗人並不知道自己早被盯上，台灣在開戰時總統絕對不會跑到地面上，是要怎麼找到人呢？

台灣的守備概念

台灣的守備概念其實很好懂，就是正規的作戰概念，越基礎的越有效，請大家千萬不要老想著奇怪的謀略。歷史上戰勝的例子，多半都是整備好較優越的裝備與補給，勝過對方多數的士兵，在地形有利處開戰。

以寡擊眾、出奇制勝的例子深入人心，不過這也代表這種例子很少見。台灣可以登陸的灘頭就那幾個，全都涵蓋在砲兵射程內，而在灘頭附近幾個小時的路程，就有裝甲單位駐守，北中南三個軍團皆有空騎部隊（直升機），而重點單位附近也都有防空飛彈。換言之，不先依序摧毀這些單位，解放軍登陸就是無望。

而接近開戰的時候，機動飛彈發射車跟雷達車都會開出營區，在全台預定的區域巡弋，盡量保持隱匿不被偵查到。有些則會進入平常沒有人會接近的山區，或是用城鎮當作掩蔽物，張開一張可以覆蓋台灣周邊所有海域的飛彈網。要對付這些單位，彈道飛彈是沒有用的，必須要用空中攻擊機，冒著砲火近接打擊。

而對地攻擊機要能夠安全，就得先取得制空權，為此要先擊敗台灣的空軍。台灣空軍在防空飛彈以及中央山脈的支援下，可以取得高度優勢。而要限縮台灣空軍的安全區，就得要把飛彈驅逐艦冒險開到台灣周邊，這在台灣反艦飛彈還存在時有極大風險。

為了避免解放軍豪賭一把，認為只要登陸後快速拉開戰線，就能讓台灣守軍疲於奔命陷於被動。台灣多年以來培養的志願役後備旅，已隨時可以在戰前編制守住重點區域，再加上第三道義務役守備隊駐守大小城鎮，全台幾乎是沒有地方可以通行。

國防部不是沒有做事，只是預算有限，但需要加強的地方總是存在，解放軍會想找到突破點，台灣自然會相對應找到反制措施。**現在的問題不在軍事，而在民心士氣**。長年以來台灣人瞧不起軍人，軍事謠言又滿天飛，建築在誇張的空想與恫嚇上，這些謠言的目的就是要瓦解心防。

因為，解放軍比誰都知道，他們沒有足夠渡海攻擊的能力，其戰略是為了防止美國破壞沿岸精華都市，若能順便打台灣最好。

靠這種順便的準備要攻下台灣？**只要台灣民眾沒有主動投降，根本不可能**。

資訊戰的重要

中國不是不知道自己的弱點，但他們更知道民主國家的弱勢，深知透過滲透與資訊戰，製造對戰爭的恐懼，擺出自己不怕死的姿態，就可以嚇到不少人了。反正要找到願意合作的台灣內應，有錢總是能使鬼推磨。

收買、滲透、分化後統一台灣，得到的是富裕的社會與完整的軍隊，根本大賺一票。靠武力統一的結果，最多拿到半毀的殘骸，以及還要投入數以兆元的經費，才能重新把台灣建立成前進太平洋的基地。

很多人都忘了，中國的戰略雖然是防禦性，但設定的未來目標是積極的擴張，以成為世紀霸權，制定世界新秩序，並不滿足於邊境安全，經濟穩定發展。統一台灣只是下一個階段的初步，而**台灣一旦被拿下，變成中國的軍事基地，下一步就是指向東亞全體與西太平洋，到時台灣真正的戰禍才要開始**。

那麼，不顧一切發動戰爭攻下台灣，真的是中國統戰台灣的唯一目標嗎？用膝蓋想都知道，透過買辦跟被收買的內應來買下台灣，永遠比打下台灣划算。如果統一台灣就是中國的終極目標，統一之後中國就會停止擴張，那麼各國還真的會認真考慮，施壓台灣在某種條件下接受，對全世界都好。但現實就不是如此，中國在各種方面，表達出的絕不僅止於台灣統一，而是全面恢復天朝權威，建立新的世界秩序。而中國表現出的新秩序想像，幾乎可說周邊國家全都是利益受損，依照現在中國對內的手段，國亡族滅都不難想像。

這才是中國崛起備受懷疑的理由，而不是傳統霸權打壓新興國家這麼簡單。台灣首當其衝，又是中國第一目標，那麼戰爭就是無可避免的選項，差別在於何種手段。我們不用懷疑，若算盤打起來合算，中國必定會有武力進攻的可能，他們欠缺的不是決心，是武力犯台的能力。

在實體進攻勝算不大的前提下，對台灣執行收買跟滲透等資訊戰就是必然的選項，更不用說分化就是共產黨最擅長的手段。

我們最後要提醒讀者，共產黨是沒有區分和平與戰時的，一般國家認知的和平是休戰，而共產國家認知的和平是沒有煙硝的戰爭，無論何時都處於戰爭階段，只是有沒有軍事衝突而已。

若我們天真的以為，中共對和平的想像與台灣是相同的，那麼熱戰只是何時開打，對誰開打而已，不會有消失的可能。

後記

本書成書過程，要感謝不少專家的指點，還有其他朋友的協助，大塊文化願意支持軍事知識的普及，個人感念在心。近期因為疫情造成書市衰頹，大塊文化依然願意照計畫推行，郝董事長對於推廣知識的熱心讓人感佩。

新書籌備期間，也看到一些新形態的謠言出現，中國對台的資訊戰，以及資訊戰下的認知作戰透過網際網路進化更加快速。但無論怎樣改變，其根本上的基調是一樣的。

從一九四九年國共內戰的成功，在冷戰時期滲透西方國家進行反軍備宣傳，共產黨的特點總是要讓敵方國家內部動亂，越亂越好。所以試圖想要以邏輯區分謠言，是沒有意義的，因為共產黨對謠言的散播，是採取極化與激化的方式，促使敵國分裂，分裂越多塊越好。

而其中，更有效的辦法，乃是利用人類不喜歡紛爭的天性。

人類不喜歡無意義的捲入爭執，在出現不清楚的紛爭時，往往習慣站在中間。但這個中間狀態，並不是客觀上的中間，而是現有可取得資訊的中間。這可以用數字來說明：

若真實的狀態是 0，極端貶低的負面訊息為 -100，吹捧的正面極值是 +100。那麼就餵養大量負面資訊，依序從 -10、-20……一路往下修正，另一方面盡力蓋掉正面資訊，讓群眾接收到的資訊範圍是越來越低。好比說現在的新聞資訊只有 -100 到 -50，此時人類的心理上就會覺得，中間點應該在 -75。結果當有人告訴你真實狀態 0，你反而會因為當前的最正面訊息在 -50，認定此消息絕對是造謠。

這就是台灣軍事謠言橫行的根本原因。

台灣對於軍事類的資訊，往往有過度貶低自己、抬高敵人的特性，所以通常是把中國的各種武器戰術抬高好幾倍，將台灣本身的防禦能力先打對折，美其名為「料敵從寬」。而在過去威權年代，還有個舶來品，用「美製武器」當作國軍戰力的標準，提高正面印象以免民眾對國家信心不足。

但這卻在近年政治環境改變下，美中之間的評價也微妙的改變，讓民眾對於判斷基準越來越偏負面，直到再也沒有正面訊息為止。更糟糕的，是當意識形態親共成為主流，政黨為了選舉各據一方，激化群眾的認知，這正是台灣現在的困境。

如果真實的中間狀態是0，那麼台灣近年接受到的軍事訊息，可以說幾乎全部都偏到-100去了，對軍事常識沒概念的人，還是會從接收到的訊息中，取個中間值作為客觀標準，即便這個中間值已經是-80。

這別說是吹捧的資訊，就算我們提了-50的負面資訊，依然會被認為過度偏坦國軍，被當成是國軍的狂熱鐵粉，甚至還會因為政治立場，判斷你是某黨的網軍。

國軍以及軍事組織，不會因為政黨輪替就突然變好變壞，軍事戰略的布局更是以十年為單位。若我們可以抓到大方向，尤其是將自己的視野從台灣周邊拉大到半個地球，從世界只有中國，回歸到各國皆有盤算，那麼就是極大的進步了。

之所以撰寫本書，只是希望將資訊可以從負的狀態稍微拉回一些而已，就算會被稱之為護航者也無所謂。

國家圖書館出版品預行編目 (CIP) 資料

阿共打來怎麼辦：你以為知道但實際一無所知的台海軍事常識 / 干立, 沈伯洋著. -- 初版. -- 臺北市 : 大塊文化出版股份有限公司, 2022.01

面；　公分. --（from ; 139）

ISBN 978-986-0777-81-9（平裝）

1. 兩岸關係　2. 軍事戰略

573.09　　110020867

LOCUS

L O C U S